Britta Kienle

Kartenlegen leicht erlernbar

nach Art der Madame Lenormand

Professionelles Kartenlegen

Ein Ratgeber für professionelle Beratungsgespräche, Kartenbilder und Deutungen

BriKa

Herstellung:
Books on Demand GmbH, Norderstedt

ISBN: 978-3-936568-07-3

www.brika-verlag.de
Brigitte Kienle

Quellennachweis:Günther Hager, Numerologie und Tarot. Urania Verlag, 1992. ISBN 3-908 644-84-4 (mit freundlicher Genehmigung des Urania Verlages)

Bei Interesse an Seminaren und Fernkursen –

Online Kurs - Kartenlegen lernen mit Britta
Madame Lenormand
Kipperkarten
Zigeunerkarten
Tarot

Per Telefon oder über Skype.
Anfänger und Fortgeschrittene

Hilfestellung beim
Interpretieren und
Deuten Ihrer Kartenbilder

Persönliche Beratungen und Seminare
nach Terminabsprache
www.kartenlegekurse.de
Tel: 0711 316 7200

Brittas Kartenlegeforum
Lernhilfen und Lernspiele
www.kartenlegekurse.de

Sofortiges Kartenlegen
0900 57 66 20 400 – Euro 1,49/min v. d. Festnetz
ggf. abweichende Preise aus Mobilfunknetzen
Stand 2008

Autorin Britta Kienle

Liebe Leserin, lieber Leser,

das vorliegende Lehrbuch bietet Ihnen einen Leitfaden für den professionellen Umgang mit Karten.

Jeder Mensch ist ein Individuum. Dies bedeutet unter anderem, dass jede/r Kartenleger/in im Laufe der Zeit sein oder ihr persönliches System entwickeln wird.

So gibt es kein allgemein gültiges Rezept, wie oder womit Sie Ihre Beratungen durchführen können.

Daher kann seitens des Verlages oder der Autorin für sich eventuell ergebende Fehlinterpretationen oder Fehlberatungen seitens der Leserschaft keine Verantwortung übernommen werden.

Inhalt:

Vorwort

Liebe Kartenlegerin,
lieber Kartenleger,

Erinnern Sie sich noch an Ihre Anfangszeit beim Kartenlegen? Kaum zu glauben, wie lange dies nun schon zurückliegt, nicht wahr?

Mittlerweile Haben Sie sich bereits bis zum letzten Band meines Kartenlegekurses vorgearbeitet und harren des Neuen, das da nun kommen möge.

In der Zeit, in der Sie sich inzwischen mit der Kunst des Kartenlegens befassen, haben sicherlich auch Sie bereits Ihr eigenes Vorgehen und Ihren eigenen Stil entwickelt.
Vielleicht arbeiten Sie ja bereits mit den Zusatzkarten, oder haben sich auf eine bestimmte Art der Auslegung spezialisiert.

Wie jeder Leser einen Text auf seine Weise interpretiert, so deutet auch jeder Kartenleger die Feinheiten eines Tableaus anders. Dies hängt selbstverständlich nicht zuletzt mit der Persönlichkeit und der Lebenserfahrung des Kartenlegers selbst zusammen.

Wer eine Situation selbst einmal am eigenen Leib erlebt hat, kann bei einer entsprechenden Beratung ganz anders mit dem Thema verfahren, als ein Kartenleger – so gut er auch sein möge – dem dieselbe Lage vollkommen fremd ist.

Eines jedoch ist wichtig: Trotz aller abweichenden Formulierungen und Schwerpunkte sollten doch die groben Züge einer Deutung stets die gleichen Aussagen enthalten, unerheblich davon, ob ich oder Sie diejenige bin, die die Karten interpretiert.

Selbstverständlich hängen auch die Schwerpunkte jeder Beratung stark mit der Fragestellung der Kunden und den Situationen zusammen, in welchen sich diese befinden.

Stellen Sie also sicher, dass Ihre Beratung ein Gespräch ist, in das Ihre Kunden sowohl sich selbst, als auch die Probleme, die ihnen auf der Seele brennen, einbringen können.

Versuchen Sie daher, die angesprochenen Themen zwar auf jeden Fall im Kartenbild zu suchen und anhand der Karten zu deuten, sich jedoch auch immer auf die Persönlichkeit Ihrer Kunden einzulassen und diese ihrem Typ entsprechend zu beraten.

Vergessen Sie bitte auch nicht, dass die Schwierigkeiten Ihrer Kunden mitunter auch aus deren Persönlichkeitsstruktur heraus entstanden sein können.

Viele unserer täglichen Probleme und Behinderungen sind hausgemacht und lassen sich doch nur schwer wieder beseitigen.
Die eigentliche Ursache kann also viel tiefer verwurzelt sein als die Auswirkung, die Sie gerade in den Karten sehen und mit denen Ihre Kundschaft Sie konfrontiert.

Beachten Sie daher also immer alle möglichen Faktoren, die in die augenblickliche Lage mit hineinspielen können!

Nun wünsche ich Ihnen viel Spaß mit den Kartenbildern und viel Erfolg mit Ihren Deutungen.

Ihre Britta

Zum Aufbau dieses Buches

Von der ersten Stunde meiner Autorentätigkeit an wurde ich immer wieder nach Werken gefragt, die professionelle Kartendeutungen knapp und präzise auf einen Blick zusammengefasst darbrachten.

Auch der Wunsch nach Büchern mit Beratungsbeispielen aus der Praxis wurde regelmäßig wieder an mich herangetragen.

Bis zu diesem Zeitpunkt musste ich an diesen Stellen stets verneinen, da jedes Beispiel einzigartig ist und nicht ohne weiteres auf andere Kunden und deren Lebenssituationen angewendet werden kann doch nun habe ich mich dazu entschlossen, Ihnen diese Erfahrungen nicht länger vorzuenthalten.

Das Ergebnis dieser Überlegungen halten Sie, liebe Kunden, nun in Ihren Händen:
Ein Buch, das sich mit ganzen Kartenbildern und deren vollständiger Analyse beschäftigt, das Ihnen zahlreiche
Übungen und Beispiele aus meiner langjährigen Praxis bietet und erklärt.

Dieser Band soll Ihnen, liebe Leser, zeigen, wie ein professionelles Beratungsgespräch aufgebaut werden kann und welche Möglichkeiten der Deutung bei unterschiedlichen Fragestellungen bestehen.

Er soll Ihnen ebenfalls helfen, sich, nachdem Sie einen Einblick in die Karten bekommen haben, in einem Kartenbild und dessen vielfältigen Deutungsmöglichkeiten besser zurechtzufinden und auch einmal von der reinen Kartenaussage abzuweichen.
Je nachdem, was die jeweilige Situation gerade erfordert.

Zusätzlich bietet dieser Band Ihnen neben der Deutung des Kartenbildes nach Madame Lenormand auch noch Analysemöglichkeiten, wie beispielsweise weiterführende Legesysteme und Hilfe beim Umgang mit zusätzlichen Kartensets.

Zudem zeigt Ihnen dieses Buch die Struktur und Vorgehensweise, mit der ich bereits jahrzehntelang als Kartenlegerin gute Erfahrungen gemacht habe.

Ich decke nun also gewissermaßen auf, wie ich, beginnend mit einführenden Analysen, bis hin zum abschließenden Ratschlag, bei einem Beratungsgespräch vorgehe.

Um dieses Vorgehen plastischer zu machen, habe ich jede Kartendeutung in die Lebenslage eines fiktiven Kunden eingebunden, die in der gezeigten Art und Weise durchaus meinem Alltag als Kartenlegerin entspricht, wobei die Situation selbst natürlich frei erfunden ist.

Immerhin bin ich dem Schutz meiner Kunden, ihrer Probleme und ihrer Privatsphäre verpflichtet.

Die Struktur jeder Deutung ist aufsteigend:

Bei jeder Kartenlesung gehe ich daher –zumindest in den Grundzügen- einem bestimmten Schema entsprechend vor, das mich Schritt für Schritt durch meine Analyse hindurch führt und bis hin zu meinem abschließenden Ratschlag begleitet.

Dieses Schema möchte ich Ihnen in diesem Buch aufzeigen und erklären.

Nach der Ausgangssituation, in der der Kunde sein Problem mehr oder weniger ausführlich schildert, folgen einführende Analysen:

Wir beginnen auch bei Kundenberatungen mit dem Ziehen der Tageskarte und eventueller weiterer Karten, um den derzeitigen Zustand der Rat suchenden Person festzustellen.

Dies ist auch für mich oft ein gutes Mittel zum Einstieg, da ich dadurch meinen Kunden gleich ein wenig besser einschätzen kann. Ein solcher Anfang ist vor allem bei Kunden hilfreich, die vorab noch nicht allzu viel von sich preisgeben möchten.

Nach diesem Einstieg folgt die Analyse des Jahres mit Hilfe des Geburtsdatums.
Auch hier handelt es sich um ein weiteres Hilfsmittel, mit dem ich die derzeitige Situation des Kunden besser einzuschätzen versuche.

Erst dann, nachdem die Einführung den Rahmen für die Beratung geschaffen hat, wende ich mich dem großen Kartenbild zu.

Auch wenn Ihnen die vorbereitenden Analysen recht langwierig und unnötig erscheinen mögen, so helfen Sie mir doch sehr bei meinen Aussagen und sind die Mühe sicher wert.
Als weitere Stufe folgt nun die Deutung des Kartenbildes.
Dabei zeige ich Ihnen, der Situation entsprechend, mein Vorgehen und meine Interpretation verschiedener Zusammenhänge im Kontext.

Auf diese Weise können Sie einen weiteren Einblick in die Vorgehensweise des Kartenlegens und die Aussagemöglichkeiten eines Kartenbildes erhalten.

Zusammenfassend finden Sie am Ende jeder Kartendeutung einen abschließenden Ratschlag, der die Wesenszüge des Bildes mit der anfänglichen Situation verbindet.
Ein solcher Rat hilft oft auch den Kunden, noch einmal die Probleme und möglichen Lösungen zusammenzufassen.

So kombiniert dieses Buch verschiedene aus meinen Lehrbüchern und Kursen bereits bekannte Kenntnisse, und führt diese dann Stück für Stück zu einem Gesamtbild zusammen.
Weitere Aspekte einzelner Karten erfahren Sie darüber hinaus im jeweiligen Sachzusammenhang.

Eine Übersicht über die einzelnen Karten in ihrer Funktion als Tageskarten finden Sie übrigens im Anhang des Buches.
Dies soll Ihnen die Anwendung der Madame Lenormand Karten als einführende Tageskarte erleichtern.

Noch eine kleine Vorbemerkung
Das komplette Verfahren der Jahresanalyse können Sie jederzeit in meinem *Lehrbuch Professionelles Kartenlegen – Hilfsmittel, Techniken, Fakten & Tipps zur Selbständigkeit* - nachlesen und erarbeiten.

Situation 1:
Spannungen im Haus

Ein Beispiel aus der Praxis:

Im Familienleben einer meiner Kundinnen gab es eines Tages große Probleme.

Bisher seltene Streitereien und Spannungen in ihrer Ehe häuften sich in den vergangenen Wochen und Monaten, bis sie beinahe schon an der Tagesordnung waren.

Die junge Frau litt mittlerweile derart unter der gereizten Stimmung zuhause, dass sie kaum mehr schlafen konnte und ständig unter Spannung stand. Auch ihre Ehe litt stark unter der Situation und drohte, letztendlich daran zu zerbrechen.

Schon lange lebte ihr Mann in ständigem Streit mit seiner Mutter.

Auch sein Vater, der Schwiegervater der Kundin, bot keine Hilfe. Im Gegenteil:

Er hetzte seine Frau nur weiter gegen seinen Sohn auf. Im Grunde fühlten sich sowohl meine Kundin, als auch ihr Mann von den Erwartungen der Schwiegereltern überfordert.

Nachdem uns die Ausgangssituation dieser Kundin nun in groben Zügen bekannt ist, möchte ich Ihnen kurz meine Vorgehensweise bei diesem Beratungsgespräch vermitteln:

Ehe mit dem Auslegen des Tableaus begonnen werden kann, muss die Lage der Dame genauer unter die Lupe genommen werden. Hierzu wende ich zwei Ihnen bereits altbekannte und einfache Methoden zur einführenden Analyse an:

1) Die Tageskarte

Zunächst lasse ich meine Kundin eine Tageskarte ziehen.

Sinn und Zweck der Tageskarte

Ehe ich mit dem eigentlichen Kartenbild beginne, hat es sich für mich stets bewährt, meine Kunden zunächst eine einzelne Karte ziehen zu lassen.

Diese Karte zeigt sowohl, was diesen Menschen augenblicklich beschäftigt, als auch negative und positive Tendenzen im Leben dieser Person.
Ebenfalls macht sie uns darauf aufmerksam, worauf man in nächster Zeit vermehrt achten sollte.

Mir selbst hilft diese Technik immer wieder dabei, zu erkennen, welches Problem meine Kunden eigentlich bewegt und in welcher Stimmung sie sich befinden.

Vor allem bei Menschen, die sich sonst scheuen, etwas von sich preiszugeben, hat sich dieser Einstieg in die Beratung stets bewährt.

Auch lässt sich die Tageskarte häufig sehr gut in das folgende Grand Tableau integrieren:
Zum einen kann ich so leichter eine Blickrichtung festlegen, sollte der Kunde selbst keine genaueren Angaben über seine Lage machen.

Zum anderen kann ich auch direkt im Tableau nach der Tageskarte suchen und diese dann gemeinsam mit den umliegenden Karten in die Auslegung mit einbeziehen.

__Wie zieht man eine Tageskarte?__

Um eine Tageskarte zu ziehen mischen Sie die Karten gut, ziehen diese in Ihrer Hand fächerartig auseinander und halten sie dem oder der Rat suchenden verdeckt entgegen.
Bitten Sie Ihre Kundschaft, sich gut auf ihre Frage oder ihre Situation zu konzentrieren und, sobald sie sich bereit dazu fühlt, eine Karte aus dem Fächer zu ziehen.

Wie Ihnen ja bereits bekannt ist, sollte stets mit der linken Hand abgehoben oder gezogen werden, da unsere linke Seite, die Herzseite, nicht von unserem Verstand gelenkt wird.
Unsere Herzseite ist also immer zugleich unsere intuitive Seite.

__Die Tageskarte: Nr. 10 Sense__

Die Kundin hat auf die oben beschriebene Art und Weise die Karte *Nr. 10 Sense* als Tageskarte gezogen.

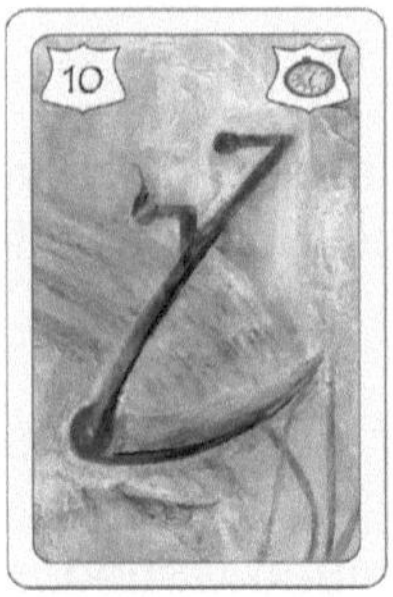

Tageskarte:
Durchsetzungskraft ist gefragt,
dabei aber nicht egoistisch werden.
Wir sehen also bereits auf den ersten Blick, dass sich die Konsultantin in einem oder mehreren Bereichen ihres Lebens durchsetzen muss:

Da wir die Vorgeschichte bereits kennen, können wir annehmen, dass es sich hier eventuell um das Verhältnis der Dame zu ihren Schwiegereltern handeln könnte.

> *Es wäre also an der Zeit, den beiden mit mehr Entschlusskraft entgegen zu treten und ihnen ihre Grenzen aufzuzeigen.*

Trotz aller Entschlossenheit warnt diese Karte auch vor übereiltem Handeln. Blinder Aktionismus wäre hier fehl am Platz.
Schließlich wollen wir nicht stur unseren Kopf durchsetzen, sondern gemeinsam zu einer gangbaren Lösung finden.

Tipp:
Für die Auslegung der Tageskarte ist auch immer die Grundbedeutung der Karte von Bedeutung – diese sollten Sie daher flüssig beherrschen und in all ihren Aspekten verstanden haben.
Sollten Sie damit noch Probleme haben, schlagen Sie das Basiswissen im Lehrbuch I nach oder sehen Sie sich die Tageskarten im Anhang an.

2) Einführende Analyse: Jahresanalyse

Den zweiten Teil meiner einführenden Analyse bildet nun die **Berechnung der Jahresanalyse für das aktuelle Jahr:**

Zuerst frage ich meine Kundschaft nach ihrem Geburtstag.

Bei der Kundin in unserem Beispiel ist dies der 1. Januar 1953. Als aktuelles Jahr habe ich in diesem Beispiel das Jahr 2004 gewählt.

Wir errechnen nun also die Quersumme aus der Kombination dieser beiden Daten (1. Januar und 2004) nach der Ihnen bereits bekannten Anleitung:

01. 01. 2004
→ 0 + 1 + 0 + 1 + 2 + 0 + 0 + 4
= 8

Die Jahreszahl

8 = Ausgleich

Dieses Jahr bietet meiner Kundin die Chance, ihr Leben neu zu ordnen und wieder ins Gleichgewicht zurück zu bringen.

Missverständnisse aus dem Vorjahr können in diesem Jahr endlich ausgeräumt werden.

Die Kundin verfügt jetzt über die Möglichkeit, Angelegenheiten in Angriff zu nehmen und zu regeln, die sich in den vergangenen Jahren unangenehm entwickelt und so im Laufe der Zeit zu Problemen und Unstimmigkeiten geführt haben.

Sich bietende Chancen, Dinge wieder ins rechte Lot zu rücken, sollten in diesem Jahr auf keinen Fall verpasst oder gar ignoriert werden.
Das Motto der Kundin für das laufende Jahr könnte also lauten:

Jeder ist seines Glückes Schmied.

Um eine umfassende Analyse der Situation durchführen zu können, beziehe ich nun auch das nähere Umfeld der Dame mit ein. Auch für die Personen, die meiner Kundin nahe stehen, kann ich an dieser Stelle eine Jahresanalyse durchführen.

Wichtig sind für mich in diesem Fall also auch der Geburtstag des Ehemannes, sowie die Geburtsdaten der Schwiegereltern und der Kinder.

Aus all diesen Fakten ergibt sich ein Gesamtbild der Jahresanalysen aller betroffenen Personen.

Um das Beispiel möglichst prägnant und übersichtlich zu halten, habe ich an dieser Stelle darauf verzichtet, all diese zusätzlichen Berechnungen mit in dieses Kapitel aufzunehmen.

Lassen Sie sich für Ihre eigenen Analysen jedoch in jedem Fall alle weiteren Daten geben und beziehen Sie diese Charakterisierungen und Tendenzen in Ihre Gesamtdeutung mit ein.
Oft zeigen sich bereits an dieser Stelle mögliche Hintergründe für Spannungen und Konflikte.

Astrologische Einschätzung

Dem Geburtsdatum der Kundin entnehme ich neben der Jahresanalyse aus dem Bereich der Numerologie auch die wichtigsten astrologischen Fakten.

So sehe ich anhand des Geburtsdatums ebenfalls, dass es sich bei ihr um einen Steinbock der zweiten Dekade handelt.

Auch diese Tatsache hilft mir bei der Einschätzung der hervorstechenden Eigenschaften meiner Kundin.

Steinböcke dieser Dekade gelten allgemein als erdbezogen, gerechtigkeitsliebend und aufrichtig. Sie stehen mit beiden Beinen fest im Leben und vermitteln ein Gefühl der Unumstößlichkeit.

Andererseits sagt man ihnen genau aus diesem Grund auch ein gewisses Maß an Starrköpfigkeit und Sturheit nach.
Es mangelt ihnen also gewissermaßen ein Stück weit an der nötigen Flexibilität.

Zudem sprechen sie nur ungern über ihre Gefühle und leiden lieber stumm vor sich hin, als ihrem Kummer Ausdruck zu verleihen.

Sie vergraben sich ebenfalls gerne in ihre Arbeit und neigen dann dazu, sich allzu sehr in ihren Aufgaben zu verlieren.

Erst nachdem ich diese einführenden Untersuchungen durchgeführt habe, wende ich mich dem eigentlichen Tableau zu.

Nun bitte ich meine Kundin also, die Karten zu mischen und lege sie zu dem Ihnen bekannten großen Kartenbild aus.

Kartenbild

Nr. 7 Schlange	Nr. 14 Fuchs	Nr. 4 Haus	Nr. 11 Rute	Nr. 28 Mann	Nr. 34 Fische	Nr. 2 Klee	Nr. 5 Baum
Nr. 16 Sterne	Nr. 32 Mond	Nr. 15 Bär	Nr. 21 Berg	Nr. 22 Wege	Nr. 13 Kind	Nr. 29 Frau	Nr. 23 Ratte
Nr. 35 Anker	Nr. 17 Storch	Nr. 36 Kreuz	Nr. 3 Schiff	Nr. 20 Park	Nr. 25 Ring	Nr. 10 Sense	Nr. 19 Turm
Nr. 18 Hund	Nr. 9 Blumen	Nr. 1 Reiter	Nr. 24 Herz	Nr. 8 Sarg	Nr. 31 Sonne	Nr. 27 Brief	Nr. 33 Schlüssel
		Nr. 12 Vögel	Nr. 30 Lilie	Nr. 6 Wolken	Nr. 26 Buch		

Die erste Karte in diesem Kartenbild ist die Karte *Nr. 7 Schlange.* Die herausragende Position dieser Karte im Tableau macht gleich zu Beginn deutlich, welcher Faktor derzeit die größte Belastung auf meine Kundin ausübt.

In diesem Fall handelt es sich also tatsächlich um die Person der Schwiegermutter (*Nr. 7 Schlange*).

Zwischenbemerkung: Einschätzung der Schlange

Gleich neben der Schlangenkarte liegen horizontal die Karten *Nr. 14 Fuchs, Nr. 4 Haus* und *Nr. 11 Rute.*
Mit dieser Dame scheint nun also wirklich nicht gut Kirschen essen zu sein.
Sie ist nicht nur äußerst streitlustig, sondern auch ein wenig raffiniert und schafft es so, den häuslichen Bereich der Kundin immer wieder unangenehm zu stören.

Vertikal liegt allerdings eventuell eine Möglichkeit, Einfluss auf diese Person zu nehmen: Der Sohn meiner Kundin könnte ihr in diesem Zusammenhang eine Hilfe sein. (*Nr. 18 Hund*)

Tipp: *Die Personenkarte im Tableau*

Neben der ersten Karte im Tableau müssen immer auch die Karten, die innerhalb des Kartenbildes an die Personenkarte angrenzen, einer ausführlichen Betrachtung unterzogen werden.

So muss auch die Karte rechts der Personenkarte *Nr. 29 Frau* gesondert beachtet werden.

Die dort befindliche Karte *Nr. 23 Ratte* zeigt uns die großen Ängste, die an meiner Kundin nagen. In unserem Fall liegt neben der *Nr. 25 Ring* die Karte *Nr. 10 Sense.*

> *Die Angst vor einem Scheitern der Ehe ist in diesem Fall also durchaus berechtigt.*

Wir werden somit im weiteren Verlauf der Beratung versuchen herauszufinden, ob und wie man dieser Ehe noch einmal helfen kann.

Zur Erinnerung:

Sollten Sie das Thema Scheidung in einem Kartenbild näher erörtern, so beachten Sie bitte in besonderem Maße die Reihenfolge, in der sich die Karten Nr. 25 Ring und Nr. 10 Sense zeigen.
Die Reihenfolge dieser Karten wird erfahrungsgemäß gerne übersehen oder vorschnell gedeutet.
Gerade an dieser Stelle können sich jedoch sehr leicht Fehlinterpretationen einschleichen.

Scheidung

geschieden
oder
plötzliche Partnerschaft

Weiter mit meiner Interpretation:

Der ungeklärte Streit zwischen dem Ehemann der Kundin und seiner Mutter belastet das häusliche Zusammenleben zutiefst (*Nr. 14 Fuchs, Nr. 4 Haus und Nr. 11 Rute*).

Da die Schlangenkarte unmittelbar neben der Karte *Nr. 14 Fuchs* liegt, scheint dieser Streit größtenteils durch die intrigante Art der Mutter ausgelöst zu werden.

Der Ehemann der Rat suchenden fühlt sich seinerseits zugleich wütend und überfordert.

Er sollte dringend versuchen, sich ein wenig zu entspannen, um negativen Auswirkungen auf seine Gesundheit vorzubeugen (siehe senkrechte Deutungslinie).
So positiv dieser Mann von Natur aus eingestellt ist, im Augenblick weiß er nicht, wie er allen Beteiligten gerecht werden und auf diese belastende Situation reagieren soll.

Trotz aller bestehenden Schwierigkeiten deuten die Karten jedoch auf eine positive Zukunft hin (*Nr. 36 Kreuz* sowie *Nr. 9 Blumenstrauß*).

Wie die Karte *Nr. 21 Berg* zeigt, gilt es aber zunächst noch, eine Reihe von Hindernissen aus dem Weg zu räumen.

Die Kombination aus *Nr. 23 Ratte* und *Nr. 16 Sterne* (waagrechte Deutungslinie) weist allerdings auf Ängste und Depressionen bei der Rat suchenden Dame hin.

Ihr Gefühlsleben ist aufgrund der ständig gereizten Atmosphäre ziemlich aus den Fugen geraten.

Die Verbindung von *Nr. 5 Baum* und *Nr. 23 Ratte* zeigt uns, dass es sich bei dieser Kundin ohnehin um eine ängstliche, leicht einzuschüchternde Persönlichkeit handelt.

Lebensängste sind ihr leider nicht fremd.

Selbst wenn sie weiß, dass dringend etwas unternommen werden muss, wird sie durch Ihre Angst (*Nr. 23 Ratte*) oft blockiert, sieht einen Berg aus Schwierigkeiten (*Nr. 21 Berg*) vor sich aufragen und neigt dann dazu, zu verzweifeln und vorschnell aufzugeben.

Für gewöhnlich ist diese Kundin sehr fleißig und arbeitsfreudig, was uns ja auch von ihrem Sternzeichen her bekannt ist.

Die derzeitigen Spannungen hemmen sie jedoch in ihrer Arbeit und führen zu weiterer Unzufriedenheit.

Auch in diesem Bereich sollte sie lernen, Ihren Standpunkt zu vertreten und, falls nötig, auch zu verteidigen (*Nr. 10 + Nr. 19*).
Der Kundin wäre übrigens auch zu raten, sich einmal von einem Frauenarzt durchchecken zu lassen (diagonale Deutungslinie *Nr. 8 + Nr. 30*).

Interessanterweise ist es jedoch nicht nur die streitbare Schwiegermutter, sondern vielmehr die ständige Unzufriedenheit des Schwiegervaters mit seinem Leben (waagerechte Deutungslinie), die den Streit in der Familie immer wieder erneut aufflammen lässt.

Dies lässt sich besonders deutlich an der Nähe des Großvaters zu *Nr. 14 Fuchs, Nr. 11 Rute* und *Nr. 4 Haus* ablesen.

Nehmen wir also die Position der Karte *Nr. 15 Bär* einmal genauer unter die Lupe, so erkennen wir, dass der Großvater sowohl in senkrechter Richtung, als auch diagonal mit allen den Streit betreffenden Karten unmittelbar verbunden ist (senkrecht: *Nr. 4 Haus*; diagonal: *Nr. 14 Fuchs, Nr. 11 Rute*).

Somit ist er die zentrale Figur der ganzen unleidlichen Streitsituation.
Ein Ratschlag zeichnet sich bereits an diesem Punkt der Interpretation deutlich ab:

Die Eheleute müssen den Eltern klare Grenzen setzen und ihre Ehe wieder zu ihrer Privatsache machen.

Auch zwischen der Tochter der Rat suchenden und ihrem Großvater stehen Blockaden im Kartenbild.

Seit Beginn der Auseinandersetzungen hat sich die Tochter zwar von ihrem Großvater zurückgezogen, doch die Spannungen innerhalb ihrer Familie belasten auch sie.
Auch hier wäre es an der Zeit, etwas zu unternehmen (siehe waagerechte Deutungslinie).

Im Grunde hat die Tochter meiner Kundin ihr Leben gut im Griff. Lediglich in der Liebe gibt es auch bei ihr ein wenig Kummer, der sich jedoch in Kürze wieder bereinigen ließe.
In jedem Fall sollte auch sie sich um ihre Liebe bemühen (siehe diagonale Deutungslinie).

Auch die Tochter, die wie ihr Vater über viel Kraft verfügt (*Nr. 33 Schlüssel*) und sich eigentlich auch durchzusetzen vermag (*Nr. 10 Sense*), könnte ihrer Mutter helfen.

Allerdings fürchtet auch sie ihren Großvater und geht ihm soweit als möglich aus dem Wege.
Zudem ist sie derzeit verständlicherweise vornehmlich mit ihrem eigenen Kummer beschäftigt.

Meine Kundin ist auch Mutter eines Sohnes (*Nr. 18 Hund*), der jedoch momentan im Ausland (*Nr. 35 Anker*) weilt.

Dieser Sohn ist ein fröhlicher Mensch (*Nr. 9 Blumenstrauß*) und hat durch seine Seelenverwandtschaft zur Großmutter eine besondere Beziehung zu ihr (angezeigt durch die Kombination von *Nr. 16 Sterne* mit *Nr. 35 Anker*).

Auch bei diesem Familienmitglied zeigen die Karten deutlich eine kraftvolle Wesensart, die es gewohnt ist, sich durchsetzen zu können (*Nr. 18 Hund* und *Nr. 33 Schlüssel* sind in derselben Deutungslinie anzutreffen).

Zwar deuten die Karten auch auf Verdruss zwischen dem Enkel und seinem Großvater hin, doch die liebevolle und harmonische Art des jungen Mannes (dargestellt durch die Kartenverbindungen von einerseits *Nr. 9 Blumenstrauß, Nr. 1 Reiter* und *Nr. 24 Herz* und andererseits *Nr. 24 Herz* mit *Nr. 1 Reiter*) vermeidet hier größere Streitigkeiten.
Ich würde meiner Kundin daher raten, ihren Sohn einzuschalten und ihn zu bitten, nach Hause zurückzukehren.

Da sie erkennt, dass die Situation nur durch diplomatisches Vorgehen verändert und verbessert werden kann, zeigt sich die Dame auch gerne dazu bereit, diesen Vorschlag von mir anzunehmen.

Um wieder Frieden in den häuslichen Bereich einkehren zu lassen, benötigt sie die Hilfe eines Menschen, der einen positiven Einfluss auf ihre Schwiegermutter ausüben kann.

Hierbei könnte es sich nun um den von ihrer Schwiegermutter so heiß geliebten Enkelsohn handeln.

Da der Sohn selbst derzeit ebenfalls Probleme in seiner Liebesbeziehung hat (verdeutlicht durch *Nr. 24 Herz* und *Nr. 8 Sarg*), wird er die Einladung seiner Mutter gerne annehmen und ihre Bitte um Hilfe erfüllen.

Der gewonnene Abstand zu seinen eigenen Problemen wird ihm dabei helfen, auch selbst wieder mit sich und seinem Leben ins Reine zu kommen.

Durch seine hohe Sensibilität, gepaart mit seiner Durchsetzungskraft, wird es ihm letztendlich auch gelingen, die Großeltern für sich zu gewinnen und das gewünschte Ergebnis zu erzielen.

Um ihre ohnehin schon zerbrechliche Ehe nicht unnötig weiter zu belasten, sollte sich die Kundin jedoch möglichst rasch zu einem Schritt in die richtige Richtung entschließen.

Obwohl die Eheleute finanziell abgesichert sind, warnt die *Fuchskarte Nr. 14* in der ersten Reihe vor übereilten Geldausgaben.
Andernfalls könnte es innerhalb der folgenden Monate zu einem finanziellen Engpass kommen (Die Karte *Nr. 2 Klee* wurde hier als Zeitkarte gedeutet).

Da die Eheleute sehr fest im Berufsleben stehen, ist dies jedoch nur als eine kleine Warnung am Rande zu verstehen.

Aus einer Reise zu ihrem Sohn ins Ausland könnten sich übrigens innerhalb der folgenden zwei Jahre auch neue geschäftliche Möglichkeiten für die beiden Ehepartner ergeben (3. Reihe waagerecht).

Mein abschließender Ratschlag

Gehen Sie in dieser Sache entschlossen vor und lassen Sie sich nicht davon abbringen, die leidige Angelegenheit so schnell wie möglich zu klären.
Lassen Sie sich auch von Ihren Schwiegereltern nicht unterkriegen.
Als neutraler Gesprächspartner wäre Ihr Sohn hier ohnehin besser geeignet, da er ein gelöstes Verhältnis zu seinen Großeltern hat.
Verlieren Sie jedoch nicht den Mut,
denn noch kann alles wieder in Ordnung kommen.

Achten Sie übrigens genauso wie Ihr Mann darauf, dass Ihre Gesundheit durch Stress und Ärger nicht in Mitleidenschaft gezogen wird.

Spannen Sie nach all diesen Anstrengungen am besten einige Tage aus und holen Sie ärztlichen Rat ein,
wenn Sie sich unwohl fühlen sollten.

In Bezug auf Ihre Schwiegereltern kann ich Ihnen nur raten, etwas auf Abstand zu gehen.
Bedenken Sie allerdings auch, dass sich Ihre Schwiegereltern möglicherweise einsam und von ihrem Sohn vernachlässigt fühlen.
Ihre Unzufriedenheit ihm gegenüber könnte also auch aus diesem Gefühl heraus entstanden sein.

Lassen Sie den Kontakt daher nicht ganz einschlafen, sondern zeigen Sie ihnen vielmehr,
dass Sie sich Gedanken um sie machen und sie im Grunde doch mögen.
Ein gesundes Mittelmaß ist hier, wie so oft im Leben, das beste Mittel, den Frieden zu erhalten.

Zigeunerkarten – der Blick hinter die Fassade

Nach Abschluss der Lesung im großen Tableau fragte die Kundin noch einmal nach:

- *Weshalb verhalten sich meine Schwiegereltern denn so aggressiv?*

Um eine genauere Antwort auf diese Frage zu finden, lasse ich meine Kundin noch eine weitere Karte ziehen. Bei der an dieser Stelle verwendeten Zusatzkarte handelt es sich um eine Zigeunerkarte – eine Karte, die versucht, die Hintergründe einer Situation zu erhellen.

Wichtige Zwischenbemerkung zu den Zigeunerkarten

(Die Zeichnung wurde dem Zusatzbuch Zigeunerkarten entnommen.)

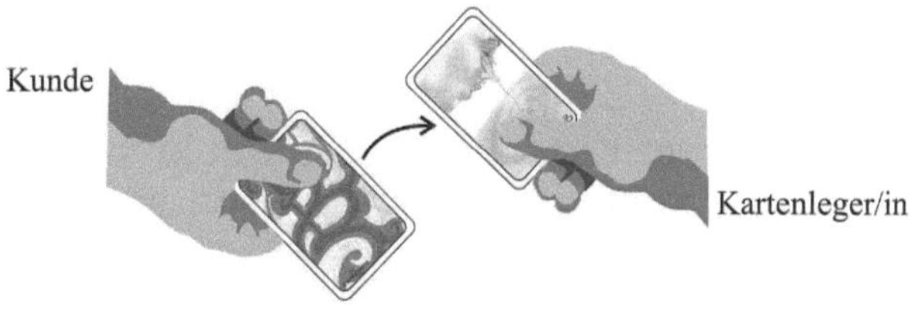

Nachdem eine Karte gezogen und umgedreht wurde, muss beachtet werden, wie diese Karte vor meiner Kundin liegt. Die Position der Karte (richtig herum oder „auf dem Kopf stehend“)

hat bei den Zigeunerkarten nämlich starken Einfluss auf die Interpretation. Wie Sie gleich erkennen werden, ändert sich die Bedeutung der Karte durch ihre Lage ganz erheblich.

Ruine

Kehrbedeutung

Verfall
Niedergang

Wie wir aus der Kehrbedeutung dieser Karte ersehen können, liegt die Wurzel des Problems im Älterwerden, im körperlichen und geistigen Verfall der Schwiegereltern.

Die Erkenntnis, dass Körper und Geist nicht länger so mitmachen, wie wir es gewohnt sind, dass sich diese Entwicklung nicht rückgängig machen lässt und sich sogar noch weiter verstärken wird, kann, gerade bei erfolgreichen Menschen, zu großer Verbitterung führen.

Die Schwiegereltern dieser Kundin waren es von je her gewohnt, Zeit ihres Lebens im Vordergrund zu stehen und häufig um Rat gefragt zu werden.

Nun fehlt ihnen diese Aufmerksamkeit und sie fühlen sich nutzlos, abgeschoben und ungeliebt.
Mitunter versuchen betroffene Personen dann, die bisher gewohnte Aufmerksamkeit zu erzwingen. Dabei greifen sie auch gerne zu unlauteren und unfairen Mitteln.

So spielen sie mit den Emotionen ihrer Familienmitglieder und versuchen, diesen ein schlechtes Gewissen und Schuldgefühle einzureden.

Dabei ist ihnen leider nur selten bewusst, welchen Schaden sie den Menschen in ihrer Umgebung mit diesem Verhalten zufügen.

Sich aus einer derartigen Lage zu befreien fällt den betroffenen Familienmitgliedern zumeist nicht leicht, insbesondere dann, wenn ihnen Schuldgefühle eingeredet wurden, die sie auf ihrem weiteren Lebensweg belasten und beengen.

Die älter gewordenen Verwandten strikt links liegen zu lassen und sich fortan nur noch um die eigenen Belange zu kümmern, stellt indes auch keine Lösung dar.

Oft hilft es bereits, ein wenig mehr Zeit mit solchen Menschen zu verbringen, um ihnen dadurch zu zeigen, dass sie weder in Vergessenheit geraten sind, noch für nutzlos gehalten werden.

Achten Sie jedoch darauf, dass diese Verhaltensweisen nicht zu einer Masche, einem festgefahrenen Verhaltensmuster werden. Die ewige Klage über mangelnde Aufmerksamkeit kann leicht dazu führen, dass diese Menschen zu dominant werden und ihre Mitmenschen unterdrücken, ja quasi erpressen.

Auch die jüngere Generation hat ein Recht auf ihr eigenes Leben und sollte beizeiten lernen, klare Grenzen zu ziehen.
Dies hat nichts mit Herzlosigkeit zu tun, sondern stellt einen wichtigen Bestandteil unserer persönlichen Freiheit und Entfaltung dar.

Situation 2:
Ein Blick in die Zukunft

Vor nicht allzu langer Zeit hatte ich ein interessantes Beratungsgespräch mit einer Kundin, die nervlich am Ende ihrer Kräfte angelangt schien.
Sie wirkte leer und kraftlos und vermittelte einen Eindruck, als habe sie seit Tagen nicht geschlafen.

Obwohl sie versuchte, sich zusammen zu reißen und hoffnungsfroh in die Zukunft zu blicken, Pläne zu schmieden und nach vorne zu sehen, gelang ihr dies nur schwer.

Die vorausgegangenen Jahre holten sie ihrer Aussage nach immer wieder ein.
Was genau im Laufe dieser Jahre geschehen war, wollte Sie mir hingegen nicht verraten.

Tipp:

Kunden, die sich nur schwer ausdrücken können, oder sich innerlich dagegen sperren, traumatische Erlebnisse wieder aufzurollen, werden Ihnen im Laufe Ihrer Karriere als Kartenleger immer wieder begegnen.

Unter derartigen Umständen hat sich das Ziehen einer Tageskarte besonders bewährt.
Dies kann bereits im Vorfeld helfen, einen „roten Faden“ in Ihre Beratung zu bringen.

Auch in diesem Fall bat ich meine Kundin daher, zuallererst eine Tageskarte aus dem Stapel zu ziehen.

__Tageskarte__: Nr. 36 Kreuz

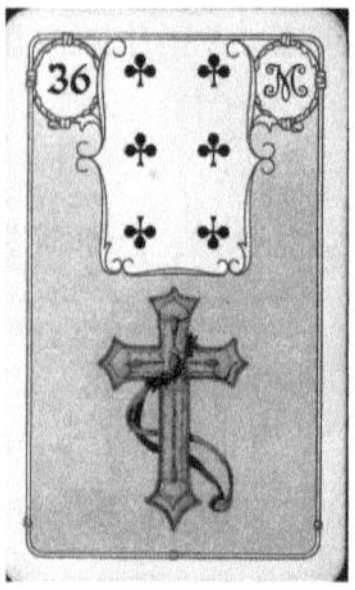

Tageskarte:
An die Zukunft glauben,
nicht aufgeben

Wie zuvor erwähnt, hat diese Kundin Schwierigkeiten, sich von ihrer Vergangenheit zu lösen. Unverarbeitete Erlebnisse und schlechte Erfahrungen aus dieser Zeit scheinen sie immer wieder einzuholen. Da sie jedoch mittlerweile damit begonnen hat, all diese schlechten Erfahrungen hinter sich zu lassen und sich auf ihre Zukunft zu konzentrieren, befindet sie sich bereits auf dem richtigen Weg.

Mit etwas mehr Selbstbewusstsein und Hoffnung hält die Zukunft noch allerlei Möglichkeiten und Chancen für sie bereit. Voraussetzung dafür ist allerdings, dass es ihr gelingt, sich endgültig von Vergangenem zu befreien und von Schuldgefühlen zu lösen.

Allein der Glaube an ein erfülltes weiteres Leben kann hier Berge versetzen und ihr Tür und Tor zum Erfolg öffnen. An der Vergangenheit selbst können wir naturgemäß nichts mehr ändern, doch wir können (und sollten!) aus Vergangenem lernen und unsere Zukunft besser und schöner gestalten.

Einführende Analyse: Jahresanalyse

Wie schon im vorausgehenden Fall, so frage ich auch diese Kundin zunächst nach Ihren Geburtsdaten. Auch in diesem Beispiel sei das aktuelle Jahr 2004.

Die Kundin wurde am 1. 3. 1944 geboren, was uns zu folgender Jahresanalyse führt:

Die 1 – ein chancenreiches Jahr.

Dieser Dame stehen nun also alle Chancen offen, sich neu zu orientieren und ganz neue Wege einzuschlagen.
Voraussetzung für diese Neuorientierung ist natürlich auch in diesem Fall der feste Wille der Kundin, die sich ihr bietenden Chancen auch zu ergreifen und für sich zu nutzen.

Wer in einem derartigen Jahr Augen und Ohren offen hält, wird staunen, wie viele bisher unerkannte Möglichkeiten sich ihm urplötzlich zu eröffnen scheinen.

An Gelegenheiten zu einer Veränderung wird es dieser Kundin in diesem Jahr daher ganz gewiss nicht mangeln.

Nun gilt es nur noch, diese auch wahrzunehmen und entsprechend umzusetzen.

Vor übereilten und wenig überlegten Entscheidungen sollte an dieser Stelle jedoch ausdrücklich gewarnt werden.
Gerade wenn einem alle Möglichkeiten offen stehen, so sollte man diese vorsichtig gegeneinander abwägen, um sich nicht Hals über Kopf in eine Sackgasse zu verrennen.
Vorschnelles Handeln bringt nur selten den gewünschten Erfolg.

Astrologische Einschätzung

Astrologisch gesehen handelt es sich bei dieser Kundin um eine Fischgeborene der 2. Dekade.

Fische gelten allgemein als sehr sensible, begabte und hochmusikalische Menschen, die sich gut mit den Menschen in ihrer Umgebung identifizieren können.

Besonders in der zweiten Dekade sind diese Eigenschaften stark ausgeprägt.

Diese Menschen sind gewöhnlich sehr kreativ und einfühlsam. Sie sind vielseitig begabt und geben zuverlässige Freunde und aufmerksame Gastgeber ab.

Ehrlichkeit wird bei ihnen auf beiden Seiten groß geschrieben.

Dessen ungeachtet sind seelische Leiden und Depressionen bei Angehörigen dieses Sternzeichens nicht ungewöhnlich.

Diese Kümmernisse sind allerdings häufig auf ihre feinen Antennen für die Sorgen und Nöte ihrer Mitmenschen zurückzuführen, die sie sich allzu sehr zu Herzen nehmen.

Sie neigen dann dazu, sich seelisch abzuschotten und Trost in ihren Träumen zu suchen, anstatt sich der Situation zu stellen und die bitter benötigten klaren Grenzen zu setzen.

Haben sie diesen Schritt erst einmal hinter sich gebracht, so sollten sie jedoch darauf achten, nicht zu übertrieben vorzugehen.
Fische neigen dann nämlich zuweilen dazu, recht egoistisch zu werden und nach dem Motto „Jetzt komme endlich auch ich einmal dran!“ alles nieder zu rennen, was sich ihnen in den Weg stellt.

Kartenbild:

Bitte legen Sie das Kartenbild nach dieser Vorlage aus:

Nr. 18 Hund	Nr. 6 Wolken	Nr. 21 Berg	Nr. 16 Sterne	Nr. 27 Brief	Nr. 23 Ratte	Nr. 14 Fuchs	Nr. 20 Park
Nr. 33 Schlüs-sel	Nr. 7 Schlan-ge	Nr. 1 Reiter	Nr. 4 Haus	Nr. 22 Wege	Nr. 25 Ring	Nr. 10 Sense	Nr. 11 Rute
Nr. 19 Turm	Nr. 35 Anker	Nr. 8 Sarg	Nr. 17 Storch	Nr. 26 Buch	Nr. 32 Mond	Nr. 29 Frau	Nr. 2 Klee
Nr. 13 Kind	Nr. 24 Herz	Nr. 34 Fische	Nr. 12 Vögel	Nr. 28 Mann	Nr. 30 Lilie	Nr. 3 Schiff	Nr. 15 Bär
		Nr. 31 Sonne	Nr. 5 Baum	Nr. 36 Kreuz	Nr. 9 Blumen		

Meine Interpretation

Wie bei all meinen Beratungen bitte ich die Kundin auch diesmal, die Karten zu mischen.
Anschließend nehme ich die Karten wieder auf und lege sie zum Grand Tableau aus.

Gleich anhand der ersten Karte lässt sich erkennen, dass der eigentlich Anlass des Besuches die Sorge um den Sohn meiner Kundin (*Nr. 18 Hund*) ist.

Zwischenbemerkung: Einschätzung des Hundes

In horizontaler Reihe liegen die Karten *Nr. 6 Wolken* und *Nr. 21 Berg* gleich neben der Hundekarte, was zeigt, dass auch der Sohn unter ungelösten Problemen und Blockaden in seinem Leben zu leiden hat.
Momentan scheinen ihm alle Wege versperrt und er glaubt sich einem unüberwindlichen Berg aus Hindernissen gegenüber.

In der vertikalen Deutungslinie befindet sich die Karte *Nr. 13 Kind*, die eine Freundin dieses jungen Mannes symbolisiert.

Dieses junge Mädchen könnte ihm bei der bei der Bewältigung seiner Schwierigkeiten hilfreich zur Seite stehen.
Die waagrechte Deutungslinie zeigt uns dann auf einen Blick, in welch scheußliche Lage der Junge geraden ist:

Hier bestehen nicht nur seelische Nöte, sondern die Gefahr einer Sucht (*Nr. 16 Sterne* und *Nr. 23 Ratte*).

Hinzu kommen falsche Kontakte, die eine zusätzliche Gefahr in der Öffentlichkeit darstellen (*Nr. 23 Ratte, Nr.14 Fuchs* und *Nr. 20 Park*).

Die Kundin weiß nicht mehr, wie sie mit ihrem Sohn und seinen Schwierigkeiten umgehen soll.
Wie jede Mutter, so sorgt auch sie sich um ihr Kind (*Nr. 23 Ratte*).

An diesem Punkt vermag ich sie jedoch zu beruhigen.

Sollte es tatsächlich einmal soweit kommen, dass ein Gerichtstermin (*Nr. 20 Park* und *Nr. 11 Rute*) nötig wäre, so werden sie und ihr Sohn mit Hilfe eines guten, älteren Anwalts glücklich aus dieser Lage heraus kommen (*Nr. 15 Bär + Nr. 11 Rute + Nr. 20 Park*).
Sobald die Themen Sucht und die Angst um den Sohn einmal angesprochen sind, wagt es die Kundin nun doch, sich zu öffnen und vertraut mir an, dass eben dieser Sohn schon einmal in Probleme mit falschen Freunden und Drogen verwickelt war*.

Diese hatten im häuslichem Bereich zu enormen Belastungen und Streitigkeiten mit ihrem Mann geführt, wodurch auch ihre Ehe schließlich zerrüttet wurde.

**1. Reihe waagrecht: In dieser Kartenreihe liegt keine Zukunftskarte. So kann sich diese Situation endlos wiederholen (Siehe Lehrbuch II).*

Momentan steht es sehr schlecht um den Sohn meiner Kundin.

Er bräuchte dringend sowohl psychologische Hilfe als auch eine Suchtberatung, um sein Leben wieder in den Griff zu bekommen.

Unter Umständen könnte auch ein Sozialhelfer eingreifen und gemeinsam mit dem jungen Mann nach Wegen suchen, die aus seiner Krankheit und seinen Problemen hinaus zurück in ein geordnetes Leben führen.

Auf diese Weise könnte die Mutter dann ein Stück ihrer Verantwortung und Sorge abgeben und so selbst wieder etwas zur Ruhe kommen.

Wie ich im Kartenbild unschwer erkennen kann, verfügt der Sohn durchaus über ausreichend Kraft (*Nr. 33 Schlüssel*), eine Therapie durchzustehen und ein neues Leben zu beginnen.

Allerdings müsste die Initiative zu diesem schwierigen Schritt allein von ihm selbst ausgehen.

Wie viele Suchkranke neigt jedoch auch dieser junge Mann dazu, immer wieder ins Schwanken (*Nr. 6 Wolken*) zu geraten und seine guten Vorsätze zu vergessen.

Vorhaltungen nutzen bei einer Krankheit dieser Art jedoch wenig. Auch ein Versuch, ihn zu drängen, könnte unter Umständen das Gegenteil des Gewünschten erreichen.

Eine Freundin (*Nr. 13 Kind*), die mit ihm zur Schule geht (*Nr. 19 Turm*), kann ihn in seiner Entscheidung ungleich besser unterstützen.

Auf diesem Rat hin, möchte meine Kundin nun wissen, ob es vielleicht besser wäre, ihrerseits eine gute Freundin um Hilfe zu bitten, die auch ausgebildete Psychologin ist.

Dies scheint mir eine gute Idee zu sein, da Außenstehende oft einen etwas objektiveren Eindruck haben und somit auch Lösungen vorschlagen können, an die direkt Beteiligte bereits nicht mehr denken.

Die bestehenden Streitigkeiten in der Ehe dieser Frau wurden bereits angesprochen. Aus diesem Grund nehme ich im nächsten Schritt die eheliche Situation der Kundin im Kartenbild genauer unter die Lupe.

Direkt über *Nr. 29 Frau* sehe ich gleich mehrere negative Karten liegen: *Nr. 25 Ring* und *Nr. 10 Sense* weisen stark auf eine Scheidung hin.
Nun kann das zwar bedeuten, dass die Kundin derzeit lediglich an Scheidung denkt. Möglicherweise hat sie diesen Schritt aber auch bereits eingeleitet.

Sollte es tatsächlich zu einer Zerrüttung und Auflösung ihrer Ehe kommen, so würde die Initiative zur Trennung von meiner Kundin selbst ausgehen.

Allerdings müsste sie sich im Zuge des Scheidungsverfahrens auf eine Reihe hässlicher Auseinandersetzungen gefasst machen (*Nr. 14 Fuchs* und *Nr. 11 Rute*), die auch Behörden (*Nr. 20 Park*) wie Ämter und Gerichte mit einschlössen.

Die Eheprobleme selbst sind mir aus den Schilderungen der Dame bereits bekannt.

Nun möchte ich mehr über die Ursachen der bekannten Probleme erfahren und befrage das Kartenbild daher darüber, ob all diese Auseinandersetzungen ausschließlich auf die Drogenprobleme des Sohnes zurückzuführen sind, oder ob noch weitere Faktoren mit hineinspielen.

Wie die Karten zeigen, ist genau dies der Fall:

In der 4. waagrechten Deutungslinie sehe ich den Ehemann der Kundin mit einer jüngeren Frau (*Nr. 13 Kind**), die, nach ihrem Alter zu urteilen, gut und gerne seine Tochter sein könnte.

Nun verfolgt dieses Mädchen allerdings vornehmlich finanzielle Interessen (angezeigt durch die Karten *Nr. 24 Herz* in der Verbindung mit der Geldkarte *Nr. 34 Fische*).

Der Ehemann meiner Kundin scheint sich in diese Beziehung vollkommen verrannt zu haben.

Er bemüht sich sehr um seine junge Geliebte und tut viel, um das junge Mädchen glücklich zu machen und an seiner Seite zu halten. Zudem lässt er sich auch leicht dazu verleiten, größere Summen für sie auszugeben.

Möglicherweise gibt ihm das Gefühl, für eine viel jüngere Frau noch immer interessant und begehrenswert zu sein, auch das Selbstbewusstsein zurück, das ihm in den letzten Jahren vermehrt abhanden gekommen ist.

Als Vater war er gezwungen mit an zu sehen, wie sich sein Sohn in immer größere Probleme verstrickte, ohne selbst eingreifen und etwas bewirken zu können.
Zudem begegnete ihm auch seine Ehefrau in diesen Zeiten eher mit Sorge und unterschwelligen Vorwürfen, als mit Zuversicht und Liebe,
So ist es nicht weiter verwunderlich, dass er die Flucht ergreift und sich mit Feuereifer in seine neue Beziehung stürzt.

Unter anderem lädt er seine junge Geliebte auf Reisen ein, bemerkt dabei jedoch leider nicht, dass sie sich hauptsächlich aus finanziellen Gründen mit ihm eingelassen hat.
* Wie oben bereits angedeutet, kann ein und dieselbe Karte von mehreren unterschiedlichen Deutungslinien gekreuzt werden:

So ist hier die Karte Kind auf zwei ganz verschiedene junge Frauen zu beziehen.

Eine dieser beiden Frauen liegt in der Deutungslinie des Sohnes und stellt daher eine Schulfreundin von ihm dar.

Die andere junge Frau kommt in der Deutungslinie des Mannes in der Bedeutung seiner Geliebten vor.

Bereits in der einführenden Analyse der Kundin haben wir bemerkt, dass die zweite Dekade der Fische sehr auf Ehrlichkeit bei sich und ihren Mitmenschen bedacht ist.

Meine Kundin wird die Untreue ihres Mannes also nicht ohne weiteres hinnehmen.

Zwischenbemerkung:

Vermutungen aller Art sollten, wie Sie ja bereits wissen, stets äußerst vorsichtig und mit viel Bedacht formuliert werden.

Man kann gar nicht genug darauf hinweisen, wie viel Schaden man mit einer vorschnell oder unüberlegt geäußerten Bemerkung anrichten kann. Benutzen Sie daher bei Aussagen dieser Art stets den Konjunktiv (könnte, hätte, sei...) und formulieren Sie Ihre Andeutungen so subtil und vorsichtig wie nur irgend möglich.

Zudem kann es angebracht sein, die Kundschaft vor übereilten Schritten zu warnen und sie dazu anzuregen, die Lage einmal aus der Sichtweise des Anderen zu betrachten.

Als ich der Rat suchenden Dame gegenüber vorsichtig die Ahnung äußere, dass ihr Mann möglicherweise eine Beziehung zu einer anderen Frau unterhalten könnte, gibt diese Kundin niedergeschlagen zu, seit geraumer Zeit über die außerehelichen Aktivitäten ihres Partners bescheid zu wissen.

Dennoch weiß sie nicht, wie sie mit dieser für sie sehr belastenden Situation umgehen soll.

Daraufhin fordere ich die Dame auf, eine Frage zu formulieren, nach einem Rat zu fragen und zudem eine **Ergänzungskarte** zu ziehen.

Auf die Frage: „Wie soll ich auf die Affäre meines Mannes reagieren?“ zieht die Klientin folgende Karte:

Schlüssel

Umdenken
Neues erschließen
Türen zur Gegenseite öffnen
Von anderer Warte aus betrachten

Diese Karte weist der Kundin nun eine Richtung: Die Scheidung, mit der sie in Gedanken offensichtlich bereits gespielt hat, sollte in jedem Fall durchgesetzt werden. Wenn auch dies mit etlichen Schwierigkeiten verbunden sein dürfte.

Der Charakter der Kundin erlaubt es ihr nicht, über die Untreue ihres Mannes einfach hinwegzusehen.

Sie wird sich erst dann wieder wirklich frei und glücklich fühlen können, wenn sie diesen Abschnitt ihres Lebens hinter sich gelassen hat.
Auch die Probleme mit ihrem Sohn kann sie durchaus noch in den Griff bekommen. Was sie allerdings wirklich an die Vergangenheit fesselt, ist ihre unglückliche Partnerschaft.

> *Zuweilen muss man einfach Mut beweisen und ins kalte Wasser springen: Perspektivenwechsel ist manchmal der erste Schritt zum Erfolg (oder in diesem Fall: Der erste Schritt ins Glück!).*

Ein Blick zurück ins Kartenbild der Kundin bestätigt diese Entscheidung.
Neben *Nr. 25 Ring* und *Nr. 10 Sense* gibt es noch weitere Zeichen: So steht beispielsweise in der erweiterten Zukunft (Nr. 5 Baum, *Nr. 4 Haus* und *Nr. 17 Storch*) ein Umzug ins Haus.

Ist sie erst einmal bereit, ihre Zukunft wieder selbst in die Hand zu nehmen, so lassen glücklichere Tage nicht lange auf sich warten.

Wie die Karten verraten, wird sie bereits innerhalb der folgenden 2 Monate auf einer Reise die Bekanntschaft eines älteren Mannes machen.
Diese Bekanntschaft könnte sich unter Umständen sogar zu einer neuen Beziehung entwickeln.

Die erweiterte Zukunft: Da die Tageskarte (*Nr. 36 Kreuz*) neben ihrer Grundbedeutung auch die Funktion einer Zukunftskarte beinhaltet, möchte ich mir diese Karte noch einmal genauer ansehen. Schließlich ist die Zukunft für diese Kundin von besonderer Bedeutung.

Wie üblich betrachte ich also zuerst die Karte rechts neben der Tageskarte: Die Karte *Nr. 9 Blumenstrauß* weist zunächst einmal auf eine glückliche Zukunft hin.

Da sich die Kundin bekanntlich große Sorgen um ihren Sohn macht, und dieser in einer direkten Deutungslinie mit der Tageskarte verbunden ist, sehen wir uns hier die erweiterte Zukunft (*siehe Lehrbuch IV*) noch einmal genauer an.

Nr. 36 Kreuz diagonal: Da sich sowohl die Kundin als auch ihre Freundin (*Nr. 7 Schlange*) sehr um den Sohn bemühen, stehen seine Chancen gut, wieder auf die rechten Bahnen zurückzufinden.

Mein abschließender Ratschlag

„Sie können mit Zuversicht in die Zukunft blicken.
Trotz anfänglicher Schwierigkeiten und Streitigkeiten
kann sich für Sie noch alles zum Guten wenden.

Auch wenn Sie sich derzeit große Sorgen
um Ihren Sohn machen, so werden Sie mit der Hilfe
Ihrer Bekannten
und der Schulfreundin Ihres Sohnes dessen Sucht
und seinen falschen Umgang wieder in den Griff bekommen.
Falls es in diesem Zusammenhang tatsächlich zu einem
öffentlichen Verfahren kommen sollte,
werden Sie auch diesen Punkt
mit Hilfe eines versierten älteren Anwalts erfolgreich für sich
verbuchen können.

Bezüglich Ihres Mannes steht Ihnen hingegen noch
einiges an Kummer bevor.
Klären Sie daher in jedem Fall ab, ob Sie sich dazu bereit fühlen,
auf der derzeitigen Basis mit Ihrem Mann
weiter zusammen zu leben.

Zwar zeigen die Karten die Möglichkeit einer Scheidung an,
doch letztendlich liegt die Entscheidung
über all diese Dinge immer bei Ihnen selbst und Ihrem Gewissen.

Aller Hindernisse zum Trotz
erkenne ich in Ihrer Zukunft jedoch die Möglichkeiten zu einem
Neubeginn im privaten Bereich.

Auch die gezogene Ergänzungskarte
deutet in diese Richtung und rät Ihnen,
einen Schritt zu neuen Chancen hin zu machen."

Situation 3:
Wege aus der Krise

Auch die Kundin in diesem nächsten Beispiel fühlt sich in ihrer derzeitigen Lebenssituation nicht länger wohl.
Sowohl das Thema Arbeit, als auch der Bereich Partnerschaft an sich sind von diesem Gefühl der Unzufriedenheit betroffen und beginnen, sich langsam zu einer Belastung für die junge Frau zu entwickeln.

Die Kundin erzählte:

„Derzeit fällt es mir schwer, einmal Begonnenes zu Ende zu bringen: Mir mangelt es an Konzentration und meine Arbeit geht mir nicht mehr wie gewohnt von der Hand. Früher konnte ich an einem Stück durcharbeiten und war erst dann zufrieden, wenn eine Aufgabe gelöst und bearbeitet vor mir auf dem Tisch lag.

Augenblicklich jedoch neige ich dazu, mich bei nahezu allem, was ich beginne, vollkommen zu verzetteln.

Was ich in die Hände nehme, bringe ich nicht zu Ende, sondern lege es nach kurzer Zeit entnervt wieder zur Seite, da mir andere Dinge urplötzlich wichtiger erscheinen.

So schiebe ich die Dinge den lieben langen Tag lang vor mich hin und vertrödle auf diese Weise meine kostbare Zeit.

Dadurch komme ich zu nichts, stehe ständig unter Druck und im Stress, und habe doch am Abend regelmäßig das Gefühl, überhaupt nichts Sinnvolles geleistet zu haben.

Auch innerhalb meiner Partnerschaft gibt es seit geraumer Zeit Probleme und Streit, die sicherlich auch mit meiner inneren Unzufriedenheit zusammenhängen.

Ich habe mich von einer zuversichtlichen Persönlichkeit zu einer richtigen Nörgeltante hin entwickelt.

Nun fürchte ich, dass meine Beziehung, die mir immer viel Halt gegeben hat, an dieser Entwicklung zerbrechen könnte.

Besonderen Kummer bereitet mir übrigens eine berufliche Meinungsverschiedenheit mit einer Geschäftspartnerin.

Nach einem groben Fehler drohen mir nun weit reichende Konsequenzen und ich weiß nicht mehr, wie ich mit dieser Situation weiter umgehen soll."

***Die Tageskarte**: Nr. 22 Wege*

Auch hier bitte ich meine Kundin wieder, tief durchzuatmen, sich innerlich zu lösen und eine Tageskarte ziehen, um zu sehen, welches Thema sie augenblicklich am stärksten beschäftigt und was ihr die nahe Zukunft bringen wird.

In diesem Fall zieht meine Klientin die Karte *Nr. 22 Wege*.

Tageskarte:
Entscheidungen sind angesagt.
Suchen Sie nach Lösungen!

Diese Kundin ist sich über das Ausmaß und den Ursprung ihrer Probleme zwar noch nicht ganz im Klaren, befindet sich, wie wir aus der Tageskarte ersehen können allerdings bereits unbewusst auf der Suche nach einer Lösung.

Die auf der Karte dargestellten Wege werden oft vorschnell nur in eine Richtung gedeutet:

Wer hier seinen Weg weiter verfolgen will, sieht sich einer Fülle an Möglichkeiten gegenüber, aus welchen er die richtige Entscheidung treffen muss.

Der daraufhin eingeschlagene Weg wird ihn dann weiter an ein Ziel führen, das augenblicklich noch in weiter Ferne liegt und vom jetzigen Standpunkt aus noch nicht erblickt werden kann.

> *Bei dieser Deutungsmöglichkeit bleibt allerdings ein wichtiger Aspekt unerkannt: Der Weg, den wir gekommen sind.*
> *Auf den Pfad, der uns an unseren jetzigen Standort brachte, kann (und sollte) immer auch zurückgeblickt werden.*
> *Es ist von großer Wichtigkeit, sich Gedanken darüber zu machen, weshalb wir an diesem Punkt gelandet sind und worin die eigentlichen Ursachen unserer Probleme liegen.*
> *Nur so können wir vermeiden, Fehler aus der Vergangenheit zukünftig zu wiederholen.*

Dass sie sich seit längerem selbst Gedanken über die Ursachen ihrer Probleme macht, habe ich ja schon aus dem Vorgespräch erfahren.

Der Wille zu einer Veränderung ist also bereits vorhanden.

Was nun noch fehlt, ist eine Anleitung, welcher Art die angestrebte Lösung sein sollte.

Den einleitenden Worten der jungen Dame zufolge, könnte sich diese Tageskarte daher sowohl auf die großen Probleme in der Geschäftsbeziehung, als auch auf ihr belastetes Privatleben und ihre kriselnde Partnerschaft beziehen.

Aus diesem Grund werde ich bei der folgenden Kartendeutung insbesondere auf diese beiden akuten Themenbereiche eingehen und auf Lösungsmöglichkeiten im Kartenbild achten, die sich mit diesen beiden Gebieten befassen.

Ehe ich nun mit den einführenden Analysen beginne, möchte ich noch eine kleine Bemerkung zur Anwendung dieser zusätzlichen Untersuchungen machen:

Sowohl die Numerologie als auch die Astrologie sind lediglich als Hilfestellungen zum Kartenlegen zu betrachten und sollten im Zusammenhang mit dem Großen Kartenbild und der Tageskarte ein gemeinsames, umfassendes Bild ergeben.

In einigen Fällen habe ich jedoch bereits nach der ersten Analyse ein derart deutliches Bild meines Gegenübers gewonnen, dass meine Intuition kaum weitere Bestätigung durch zusätzliche Bereiche der Esoterik braucht.

Sowohl die numerologische, als auch die astrologische Analyse fallen dann nur sehr kurz aus – in einigen Fällen beschränke ich mich sogar rein auf das Sternzeichen an sich.

Einführende Analysen

Numerologie:

Wir schreiben das Jahr 2005.

Aus dem Geburtsdatum der Kundin, dem 09. September 1960, ergibt sich die folgende Jahresanalyse:

Die 7 – ein spannungsreiches Jahr

In diesem Jahr wird meine Kundin mit den Auswirkungen vergangener Entscheidungen konfrontiert werden.

Die Früchte richtiger und wohlüberlegter Entscheidungen können nun geerntet werden.

Leichtfertige und wenig sinnvolle Schritte aus der Vergangenheit führen in diesem Jahr allerdings vermehrt zu Schwierigkeiten und Belastungen.

Partnerschaften sowie Freundschaften können, sofern sie nicht ausreichend gepflegt werden, in diesem Jahr leicht Schaden nehmen und ins Negative abrutschen.

Diplomatie und Feingefühl sind daher derzeit in allen Bereichen des Lebens gefragt.

Jedoch hat es die Kundin natürlich wie immer selbst in der Hand, die Ereignisse dieses Jahres für ihre Zwecke zu nutzen und zu beeinflussen.

Dies bedeutet selbstverständlich nicht, dass es ihr leicht fallen wird, das jeweils beste aus ihrer Lage zu machen, doch es ist in jedem Fall möglich und sollte nicht unversucht bleiben.

Auch das Geburtsdatum des Partners (08. 05. 1957) beziehe ich in meine Analyse mit ein:

Die 8 = Ausgleich

und

Stier der 2. Dekade

Dieser Mann möchte in diesem Jahr hoch hinaus.
Nun hat er die Chance, sein Leben neu zu ordnen und lose Enden zu verbinden.

Was in den vergangenen Jahren aus den Fugen geraten ist, kann nun wieder ins Gleichgewicht gebracht werden, um so das Fundament für neue Taten und Ziele zu bilden.

Wie mir meine Kundin bestätigt, ist ihr Partner tatsächlich gerade dabei, die nötigen Vorbereitungen zu treffen und neue geschäftliche Kontakte zu schließen.

Als Stiergeborener der zweiten Dekade steht er mit beiden Beinen fest auf dem Boden und ist durchaus bereit, hart für seine Erfolge zu arbeiten.

Sein ausgeprägtes Sicherheitsbedürfnis verleitet ihn dabei immer wieder dazu, den sicheren Weg einzuschlagen und geschäftliche Gelegenheiten, die ihm als zu unsicher erscheinen, ungenutzt verstreichen zu lassen.

Kartenbild:

Bitte legen Sie das Kartenbild nach dieser Vorlage aus:

<table>
<tr><td>Nr. 7
Schlan-
ge</td><td>Nr. 5
Baum</td><td>Nr. 16
Sterne</td><td>Nr. 9
Blumen</td><td>Nr. 18
Hund</td><td>Nr. 17
Storch</td><td>Nr. 22
Wege</td><td>Nr. 2
Klee</td></tr>
<tr><td>Nr. 32
Mond</td><td>Nr. 1
Reiter</td><td>Nr. 3
Schiff</td><td>Nr. 12
Vögel</td><td>Nr. 33
Schlüs-
sel</td><td>Nr. 30
Lilie</td><td>Nr. 8
Sarg</td><td>Nr. 10
Sense</td></tr>
<tr><td>Nr. 11
Rute</td><td>Nr. 4
Haus</td><td>Nr. 25
Ring</td><td>Nr. 27
Brief</td><td>Nr. 28
Mann</td><td>Nr. 35
Anker</td><td>Nr. 23
Ratte</td><td>Nr. 29
Frau</td></tr>
<tr><td>Nr. 19
Turm</td><td>Nr. 14
Fuchs</td><td>Nr. 31
Sonne</td><td>Nr. 21
Berg</td><td>Nr. 34
Fische</td><td>Nr. 26
Buch</td><td>Nr. 20
Park</td><td>Nr. 6
Wolken</td></tr>
<tr><td></td><td></td><td>Nr. 24
Herz</td><td>Nr. 13
Kind</td><td>Nr. 36
Kreuz</td><td>Nr. 15
Bär</td><td></td><td></td></tr>
</table>

Jetzt sind Sie an der Reihe. Bitte interpretieren Sie das Kartenbild:

....

....

....

....

Meine Interpretation:

Der eigentliche Grund des Besuches dieser Kundin ist eine Frau (*Nr. 7 Schlange*).

Um diese Person näher zu charakterisieren, achte ich nun auf die Karte, die gleich im Anschluss an die Schlangenkarte in der waagrechten Deutungslinie liegt: An dieser Stelle befindet sich die *Nr. 5 Baum.*

Diese Frau *Nr. 7 Schlange* ist also stark auf ihre Sicherheit bedacht.

Um zu erkennen, in welcher Art und Weise diese beiden Frauen genau miteinander verbunden sind, sehe ich mir die von der Schlange ausgehenden Deutungslinien genauer an:

Anhand der Karte *Nr. 19 Turm (Arbeit)* merke ich, dass die Beziehung geschäftlicher Natur ist.

Die Streitkarte *Nr. 11 Rute*, die sowohl in der Deutungslinie der Schlange, als auch in der Deutungslinie der Frau vorkommt, deutet auf eine starke Belastung dieser Geschäftsbeziehung hin.

Tatsächlich bildet dieser Streit derzeit die stärkste Verbindung zwischen den beiden Frauen.

Verfolgen wir die diagonale Deutungslinie nach rechts unten, so zeigt uns die Karte *Nr.1 Reiter* eine mögliche Lösung auf:

Die Kundin sollte daher in jedem Fall versuchen, auf ihre Geschäftspartnerin zuzugehen und ein klärendes Gespräch mit ihr zu führen.

Nachdem wir einen ersten Blick auf das Problem der Kundin geworfen haben, widmen wir ihrer Persönlichkeit nun eine genauere Analyse.

So durchsetzungsfreudig sie im täglichen Leben auch sein mag (*Nr. 10 Sense* und *Nr. 29 Frau*), so sehr ist sie auch von Unsicherheit (*Nr. 6 Wolken* und *Nr. 29 Frau*) und Ängsten (*Nr. 23 Ratte* und *Nr. 29 Frau*) umgeben.

Zwar versucht sie, ihre Unsicherheit hinter ihrer teilweise etwas brüsken, dominanten Art zu verstecken, jedoch gelingt es auch ihr nicht so ohne weiteres, ihren Ängsten zu entfliehen und so wird sie von ihren Sorgen schließlich immer wieder eingeholt.

Gerade ihre eben angesprochene dominante, zuweilen auch ein wenig streitsüchtige Wesensart (*Nr.29 Frau* und *Nr. 11 Rute*) könnte nun ebenfalls den Auslöser für die gereizte Stimmung im häuslichen Bereich *(Nr. 11 Rute + Nr. 4 Haus)* darstellen.

Dieser Themenbereich kann indes durch eine nähere Interpretation der Beziehung geklärt werden.

Dabei sollte insbesondere die Fuchskarte Beachtung finden, da sie einen direkten Einfluss auf die Karte *Nr. 25 Ring*, das heißt die Ehe der Kundin, und auch auf das Eigenheim (*Nr. 5 Baum* und *Nr. 4 Haus*) des Paares, ausübt.

Überhaupt scheint die Fuchskarte eine sehr zentrale Rolle im Kartenbild dieser Frau zu spielen:
Alle wichtigen Themen des Kartenbildes sind in irgendeiner Weise mit dieser Karte verbunden.

So liegt der Fuchs beispielsweise direkt neben der Arbeit und der Hauskarte und übt daher einen sehr starken Einfluss auf diese beiden Bereiche aus.

Ich sehe aber ebenfalls, dass diese Karte auch die private Ebene immer wieder negativ beeinflusst: Ein Blick auf die Ehe der Kundin zeigt uns wenig Erfreuliches.
Die umliegenden Karten *Fuchs* und *Vögel* machen deutlich, dass diese Ehe im Moment stark belastet ist.

Diese Kartenkonstellationen bereiten meiner Klientin verständlicherweise Kummer.

Nun darf man allerdings nicht übersehen, dass diese Dame Mutter eines Sohnes (*Nr. 18 Hund*) ist, welcher in derselben Deutungslinie liegt.
Aus diesem Grund beziehen sich die Sorgen und der Kummer im Privatleben leider auch auf ihn.

Ein weiterer durch die Fuchskarte beeinflusster Punkt deckt schließlich auf, worin das eigentliche Problem zwischen den beiden Geschäftspartnerinnen besteht:

Meine Kundin hatte sich von einem geschäftlichen Projekt großen finanziellen Erfolg versprochen.
Dabei sind nunmehr Schwierigkeiten aufgetreten:

Das genannte Projekt beinhaltete Wissen, das die Kundin an die Öffentlichkeit (*Nr. 26 Buch* und *Nr. 20 Park*) bringen wollte.

Dabei handelte sie möglicherweise eigenmächtig und ohne vorherige Absprache mit ihrer Kollegin.

Mittlerweile hat sich der ersehnte Erfolg dagegen buchstäblich in Luft aufgelöst. Ihre Heimlichkeit könnte also aufgeflogen sein. In diesem Fall hätte ihr geschäftliches Ansehen wohl starken Schaden genommen.

Nun möchte die Kundin von mir einen Rat, was sie denn tun könnte, um diese Rufschädigung zu verhindern und den Schaden möglichst gering zu halten.

Um mögliche Vorgehensweisen abzuwägen und der Kundin einen angemessenen Rat geben zu können, sehe ich mir die Schlangenkarte noch einmal genauer an:

Da die *Nr.5 Baum* (*siehe Erweiterter Ku*rs) neben der Schlangenkarte liegt, schließe ich, dass es sich bei dieser Kollegin astrologisch gesehen um einen Stier handeln muss.
Dies könnte ein weiteres Zeichen für ihr ausgeprägtes Sicherheitsbedürfnis darstellen.

Zudem ist die Geschäftspartnerin *Nr.7 Schlange* im Grunde ihres Wesens ausgesprochen intuitiv, sensibel und harmonisch (*Nr. 16 Sterne* und *Nr. 9 Blumenstrauß*) veranlagt, sucht immer wieder nach Veränderungen (*Nr. 17 Störche*) und neuen Wegen (*Nr. 22 Wege*), und hat in dieser Hinsicht auch immer wieder beachtliche Erfolge zu verbuchen (*Nr. 2 Klee*).

Wie bereits angesprochen, so besteht im vorliegenden Fall der effektivste, wie auch der effizienteste Weg, das geschäftliche Problem meiner Kundin zu lösen, meiner Meinung nach in klärenden Gesprächen.

Diese Gespräche haben bereits früher dazu beigetragen, Spannungen und Meinungsverschiedenheiten zwischen den beiden Kolleginnen zu lösen.
Die ehemals gute Beziehung der Frauen zueinander erkennen wir auch aus dem Kartenbild: *Nr. 1 Reiter* und *Nr. 25 Ring* zeigen, dass klärende Gespräche stets gute Basis für die Zusammenarbeit der beiden Frauen waren.

Die grundsätzliche Bereitschaft der Geschäftspartnerin, sich auf diese Gespräche einzulassen, zeigt uns wieder das Kartenbild:
In der erweiterten Zukunft (*siehe Lehrbuch IV)* liegen hier die Karten *Nr. 36 Kreuz, Nr. 21 Berge, Nr. 25 Ring* und *Nr. 1 Reiter,* sowie die *Nr. 7. Schlange.*
Verständlicherweise ist diese Kollegin jedoch nicht bereit dazu, in dieser Angelegenheit den ersten Schritt zu tun.

Dies mag in der Natur des Problems oder auch in ihrem starken Sicherheitsbedürfnis begründet sein.
Schließlich war nicht sie diejenige, die das Problem verursacht hat.
Hier ist sogar das Gegenteil der Fall: Diese Kollegin fühlt sich zu recht von meiner Kundin *Nr. 29 Frau* geschäftlich hintergangen (*Nr.19 Turm, Nr. 14 Fuchs* und *Nr. 11 Rute*).

Da die Kundin nun nach einem Rat der Karten verlangt, bitte ich sie and dieser Stelle, eine Ergänzungskarte zu ziehen.

Gespräche

Auseinandersetzungen
Aussprache
Verständnis

Schon zu Beginn meiner Interpretation war klar geworden, dass Spannungen dieser Art nur mit Hilfe von Gesprächen beigelegt werden können.
In diesem Fall schlagen sowohl die Lenormand-Karten, als auch die Ergänzungskarte die gleiche Maßnahme vor.

Eine kleine Bemerkung:

Kommen Kunden zu mir und bitten mich und meine Karten um Rat, so möchten sie den Vorschlag, den ich ihnen unterbreite, bisweilen nicht hören. In derartigen Fällen handelt es sich meist um Ratschläge, die eigentlich längst klar und ersichtlich sind.

Im Grunde wissen wir selbst, dass es am besten wäre, unser Leben in die Hand zu nehmen und Unangenehmes nicht länger hinauszuzögern. Wir sind uns bewusst, dass es an der Zeit wäre, verstärkt auf unsere Ausgaben zu achten und unseren Missmut hinunterzuschlucken. Mit anderen Worten: Uns zusammen zu reißen.

Andererseits sind eben diese Lösungen häufig mit Mühen, Unannehmlichkeiten und dem Eingeständnis unserer menschlichen Schwächen uns selbst gegenüber verbunden.

Viele Menschen hoffen daher, einen anders lautenden Rat aus dem Kartenbild zu bekommen, der Ihnen all diese Unerfreulichkeiten ersparen würde.

Wer jedoch darauf hofft, von den Karten in seiner Opferrolle bestätigt zu werden, kann sich darauf selbstverständlich nicht verlassen.

Gerade das große Tableau zeigt uns mit zuweilen beinahe unangenehmer Ehrlichkeit, wo unsere Schwachpunkte liegen.
Da ich das Kartenbild selbstverständlich nicht beeinflussen kann, bleibt mir nur, meine Kunden darauf hinzuweisen, dass sie meinen Rat jederzeit ausschlagen können.

Allerdings trägt jeder Kartenleger die Verantwortung, dem Kunden den Rat der Karten auch in einem solchen Fall mitzuteilen. Weigert sich der Kunde, diesen Rat anzunehmen, so sollte man ihn jedoch nicht weiter dazu drängen.
Die endgültige Entscheidung liegt immer beim Kunden selbst!

Im vorliegenden Beispiel entscheidet sich meine Kundin gegen eine Aussprache mit ihrer Kollegin.
Auch wenn ich persönlich anders handeln würde, so muss ich ihren Entschluss akzeptieren.

Weiter mit meiner Interpretation

Wie bereits mehrfach angedeutet hat meine Kundin, *Nr. 29 Frau,* große Schwierigkeiten über ihren eigenen Schatten zu springen.
Dies zeigt sich an ihrem Wesen *(Nr. 29 Frau* und *Nr. 11 Rute* sowie *Nr. 29* und *Nr. 10 Sense*) und dem sich daraus ergebenden Unvermögen, die derzeitige Krisensituation klar (*Nr. 6 Wolken*) und deutlich einzuschätzen.

So wird sie sich auch in der Zukunft immer wieder selbst Probleme bereiten.

Eine dauerhafte Wendung ihres Lebens zum Positiven hin kann sie jedoch nur erreichen, wenn sie es schafft, dieses Verhaltensmuster klar zu erkennen und entsprechend zu ändern.

Derartige Erkenntnisse benötigen allerdings ihre Zeit. So können wir selbstverständlich nicht erwarten, ein sofortiges Umdenken zu bewirken.

Als Beraterin sollte ich daher vorsichtig versuchen, die Kundin auf ihre eventuellen Fehleinschätzungen aufmerksam zu machen.

Selbst wenn sie sich zunächst gegen Ihre Ratschläge zu sperren scheint, wird sie sich im Laufe der Zeit doch Gedanken über das Thema machen und am Ende vielleicht doch noch einen neuen Weg einschlagen.

Ein möglicher Weg, eine derartige Änderung ihres Verhaltens herbeizuführen, zeigt sich wieder im Tableau.

Ein Bereich, der von dieser Veränderung besonders profitieren würde, ist die Partnerschaft. Ihre Besorgnis über dieses Thema hatte die Kundin ja bereits im Eingangsgespräch zum Ausdruck gebracht.

Von Haus aus sollte diese Partnerschaft eigentlich auf sicheren Füßen stehen.

Beide Partner sind gewissermaßen seelenverwandt (*Nr. 35 Anker → karmische Verbindung*).

Dessen ungeachtet schleichen sich allerdings auch immer wieder tiefe Ängste (*Nr. 23 Ratte* und *Nr. 35 Anker*) in diese Verbindung mit ein.

Spannungen und Streit im häuslichen Bereich werden die Beziehung in den kommenden zwei Jahren unnötig belasten und ein gelöstes Miteinander erschweren, jedoch nicht unmöglich machen.

Eine Scheidung scheint zwar unwahrscheinlich, da *Nr. 10 Sense* nicht in der Deutungsachse der Ehekarte liegt, allerdings sind beide Partner in ihrer Liebe zueinander blockiert, was sich unglücklicherweise auf sämtliche Ebenen dieser Partnerschaft auswirkt (auch *Nr. 30 Lilie* wird gleich von mehreren Karten blockiert).

Ein besonders wunder Punkt in dieser Beziehung ist ein Mangel an Ehrlichkeit und Aufrichtigkeit beider Partner (*Nr. 14 Fuchs* und *Nr. 25 Ring*).

Hier wiederum könnte die Frau nun ansetzen und durch eine Änderung ihres eigenen Verhaltens eine positive Wendung herbeiführen.

Die große Rolle, die die Fuchskarte in diesen Eheproblemen spielt, macht deutlich, dass die Kundin ein Problem damit hat, sich selbst mit all ihren Stärken und Schwächen anzunehmen und sich der Welt so zu zeigen, wie sie tatsächlich ist.

Persönliche Unsicherheiten dieser Art sind uns wohl allen selbst nur allzu gut bekannt.

Wollte man nun tiefer nach den Ursachen für dieses Auftreten forschen, dann müsste man die Kundin selbst mit einbeziehen, das Thema mit ihr besprechen und sie eine Zusatzkarte (am besten eine Zigeunerkarte) ziehen lassen.

Die Gefahr, bei einer derartigen Charakteranalyse erneut auf Ablehnung zu stoßen, ist allerdings nicht unerheblich.

In diesem Fall entscheide ich mich daher, das Problem äußerst vorsichtig zur Sprache zu bringen, werde jedoch, wie bereits erwartet, unverzüglich abgeblockt.

Auch diese Entscheidung muss ich selbstverständlich akzeptieren und darf in keinem Fall versuchen, hier weiter nachzuhaken.
So bleibt mir also nur der generelle Rat zu mehr Offenheit und Selbstvertrauen, insbesondere innerhalb ihrer Partnerschaft.

Erst, wenn sie ihrem Partner zeigt, was sie sich wirklich wünscht, kann er ihr helfen, diese Träume und Wünsche auch in Erfüllung gehen zu lassen. (*Nr. 16 Sterne*).
Als letzten Punkt werfe ich noch einen abschließenden Blick auf die weitere Umgebung der Kundin und sehe dort, bedingt durch die Anspannung und den Druck der letzten Zeit, möglicherweise gesundheitliche Probleme auf sie zu kommen (*Nr. 22 Wege* und *Nr. 8 Sarg*).

Letztendlich könnten ihr all diese Strapazen sogar buchstäblich auf den Magen schlagen (*Nr. 8 Sarg* und *Nr. 23 Ratte*).
Da ich ebenfalls die Gefahr von Unterleibsbeschwerden ausmachen kann (*Nr. 30 Lilie* und *Nr. 8 Sarg* und *Nr. 10 Sense*), empfehle ich der Kundin, einen Arzt aufzusuchen und sich einmal gründlich durchchecken zu lassen.
Diesen Rat nimmt meine Klientin dann auch gerne an.

Nach der Interpretation:

Was haben Sie im Kartenbild übersehen oder nicht beachtet? (Kombinationen, Negativ-Karten oder Ähnliches?)

....

In welchen Bereichen hatten Sie Schwierigkeiten?

....

In welchem Lehrbuch sollte Sie nochmals nachlesen, um Ihr Wissen aufzufrischen?

....

Mein abschließender Ratschlag

„Wir alle haben im Laufe unseres Lebens gelernt,
die Rolle zu spielen, die von uns erwartet wird.
Bis zu einem gewissen Grad hilft uns dies, uns in unserem
Leben zurecht zu finden.

Engt uns diese Rolle jedoch in unserer Persönlichkeit all zu sehr
ein, so sollten wir versuchen,
unsere Maske ein Stück weit abzulegen und uns selbst und
unserer Umwelt gegenüber etwas ehrlicher zu sein.

Mir ist durchaus bewusst, dass Sie momentan keine Aussprache
mit Ihrer Geschäftspartnerin wünschen.
Diese Entscheidung liegt allein in Ihrer Hand.

Denken Sie bitte trotzdem noch einmal über die Vorteile eines
solchen Gespräches nach.
Ich kann Ihnen versprechen:
Die Mühe würde sich in jedem Fall lohnen.

Es wäre doch schade, wenn Ihr berufliches und privates Glück an
Stolz und Geltungsbedürfnis scheitern würde.
Bedenken Sie, was alles für sie auf dem Spiel steht.

Sie verfügen über alle notwendigen Voraussetzungen, Ihr Leben
und Ihre Partnerschaft wieder auf sichere Bahnen zu leiten.

Nutzen Sie Ihre Kräfte und setzen Sie sie gezielt
und umsichtig ein!
Dann stehen Ihnen auch längst verschlossen geglaubte Türen
wieder offen.

Ich wünsche Ihnen viel Erfolg und Kraft auf Ihrem Weg.“

Liebe Leser,

Das obige Beispiel war in vielen Punkten durch die Blockaden und Verschleierungen von Seiten meiner Kundin bestimmt.

Jeder von uns hat ein gewisses Bild von sich selbst, von seinem Auftreten und seinen Eigenschaften, und wir verbringen einen Großteil unserer Zeit damit, zu versuchen, diesem Bild zu entsprechen.
Über manche unserer Schwächen sind wir uns durchaus im Klaren. Andere jedoch versuchen wir unser ganzes Leben hindurch vor uns selbst und unseren Mitmenschen zu verbergen.

Die Karten halten uns selbst, wie auch unseren Kunden gerne einen Spiegel vor, der unser wahres Gesicht zeigt. All die Charakterzüge, die wir so ungern an uns sehen, werden uns nun geradezu gnadenlos vor Augen geführt.

So manche Aussage der Karten kratzt nicht unerheblich an unserer perfekten Fassade und hinterlässt zunächst einmal Schrecken und Verärgerung bei unseren Klienten.

Zeigen Sie also bitte Verständnis, wenn ein Kunde Ihren gut gemeinten Rat nicht annehmen möchte, oder sogar behauptet, in Wirklichkeit gar nicht so zu sein, wie ihn das Kartenbild darstellt.

Die Kundin im vorhergehenden Fall hatte besonders große Probleme damit, sich selbst so anzunehmen und zu lieben, wie sie wirklich war.

So war sie nicht in der Lage, ihre Schwächen zu akzeptieren und über ihren Schatten zu springen. Durch eine Aussprache mit ihrer Kollegin hätte sie sich ein Mitverschulden an ihren beruflichen Unannehmlichkeiten eingestehen müssen, was sie jedoch zum Zeitpunkt der Kartenlegung noch nicht über sich brachte.

Nennen Sie allerdings lediglich die Fakten, die Ihre Kundschaft hören möchte, so tun Sie freilich weder ihren Klienten, noch sich selbst einen Gefallen.
Machen Sie Ihre Kundschaft also auch auf weniger angenehme Tatsachen Aufmerksam. Aber bitte vorsichtig und behutsam!

Akzeptieren Sie jedoch die Entscheidungen Ihrer Kunden in jedem Fall vorbehaltlos. Oft benötigen die Menschen nur ein wenig mehr Zeit, sich auf Ihre Aussage einzustellen.

Meiner Erfahrung nach, kommen dann gerade diese Kunden immer wieder auf Sie zu und bestätigen Ihre Darstellung im Nachhinein.

Situation 4:
Eine Übung für Sie

In meinem nächsten Beispiel kam eine Kundin zu mir, um sich die Karten legen zu lassen, sah sich aber nicht in der Lage, mir den eigentlichen Grund Ihres Besuches zu nennen.

Da diese Kundin offensichtlich sehr verschlossen war, bat ich sie, noch vor den einführenden Analysen eine Stimmungskarte zu ziehen.
Sobald eine Stimmungskarte aufgedeckt wurde, muss deren Position beachtet werden.
Bei Stimmungskarten spielt die Farbe der gezogenen Karte eine ebenso große Rolle wie die Richtung des Farbverlaufs.

Gelb von Dunkel nach Hell verlaufend

Hang zu Versplitterungen,
Unsicherheit,
Spannungen,
Nervosität

Mit Hilfe dieses ersten Eindruckes kann ich nun versuchen, anhand der weiteren Analysen mehr über meine Kundin in Erfahrung zu bringen.

Diesmal möchte ich Sie, als angehende Kartenleger, allerdings dazu auffordern, die einführenden Analysen an dieser Stelle einmal ohne meine Hilfe selbst durchzuführen.

Ich gebe Ihnen also lediglich das Geburtsdatum dieser Kundin vor und möchte Sie anschließend bitten, wie in den vorausgehenden Beispielen gezeigt, sowohl eine Jahresanalyse, als auch eine kurze astrologische Analyse vorzunehmen.
Wenn Sie sich an die vorherigen Beispiele halten, dürfte Ihnen dies auch nicht weiter schwer fallen.

Zur Erinnerung:
Eine ausführliche Übersicht über die Numerologie und die Astrologie mit Kurzbeschreibungen zu allen Zahlen und Sternzeichen und den entsprechenden Dekaden finden Sie in meinem Lehrbuch ***Professionelles Kartenlegen –Hilfsmittel, Techniken, Fakten & Tipps zur Selbständigkeit*** *(vormals Lehrbuch V).*

Decken Sie meine Interpretation dazu am besten mit einem Blatt Papier ab, und betrachten Sie später sowohl meine, als auch Ihre eigenen Analysen im Vergleich.

Einführende Analyse: Jahresanalyse

Geburtsdatum der Kundin: 13.11.1944.
Aktuelles Jahr: 2001.

Ihre Interpretation:

....

Meine Interpretation:

Jahresanalyse

Die 9 – Ordnung

Das vorliegende Jahr eignet sich ganz wunderbar für eine Neuordnung und Aufarbeitung vergangener Probleme.
Erfahrungen und Ergebnisse der vorangegangenen Jahre können nun sortiert werden.
Vergangenes kann neu geordnet werden und wird uns in unserem weiteren Leben daher nicht weiter belasten.
Mit Hilfe der daraus erwachsenden Energie können nun auch endlich längst verstaubte Pläne in Angriff genommen werden.

Vorsicht:
Dieses Jahr kann indes auch beschwerlich werden.
Nehmen Sie trotz aller Chancen und Energien Ihre Aufgaben nicht auf die leichte Schulter.
Es ist ebenfalls ein Jahr der Verantwortung Ihren Mitmenschen und sich selbst gegenüber.

Wichtig:
Halten Sie den Blick stets nach Vorne gerichtet und fassen Sie für das folgende Jahr einen Neubeginn ins Auge.

Ihre Astrologische Einschätzung:

....

Meine Interpretation:

Skorpion der 3. Dekade

Allgemein:

Positiv:

- standhafte, ausdauernde Persönlichkeit
- scharfer Verstand
- erfolgreiches Geschäftsleben
- ausgesprochene Respektsperson

Negativ:

- klammerndes, stures Verhalten
- nachtragendes Wesen
- Hang zur Eifersucht

3. Dekade 13. 11. – 22. 11.

Diese Skorpiondekade ist sehr rechtschaffen, fühlt sich allerdings oft vernachlässigt und nicht entsprechend gewürdigt. Dies macht einen Skorpion bisweilen zu einem argwöhnischen und nicht gerade einfachen Zeitgenossen.
In der Liebe sind Skorpione treu und zuverlässig, zuweilen jedoch Besitz ergreifend bis hin zur Besessenheit.

Einen Treuebruch können sie unter keinen Umständen verzeihen. Hier fühlen sie sich in ihrem Ego bedroht und ziehen einen Schlussstrich unter die Beziehung.

Kartenbild:

Bitte legen Sie das Kartenbild nach Vorlage aus!

Nr. 23 Ratte	Nr. 28 Mann	Nr. 25 Ring	Nr. 14 Fuchs	Nr. 35 Anker	Nr. 20 Garten	Nr. 6 Wolken	Nr. 36 Kreuz
Nr. 1 Reiter	Nr. 33 Schlüs- sel	Nr. 10 Sense	Nr. 34 Fische	Nr. 21 Berg	Nr. 29 Frau	Nr. 30 Lilie	Nr. 13 Kind
Nr. 16 Sterne	Nr. 24 Herz	Nr.18 Hund	Nr. 4 Haus	Nr. 9 Blumen	Nr. 31 Sonne	Nr. 8 Sarg	Nr. 19 Turm
Nr. 12 Vögel	Nr. 7 Schlan- ge	Nr. 22 Wege	Nr. 11 Rute	Nr. 5 Baum	Nr. 17 Storch	Nr. 26 Buch	Nr. 3 Schiff
		Nr. 32 Mond	Nr. 27 Brief	Nr. 2 Klee	Nr. 15 Bär		

Bitte interpretieren Sie das Kartenbild:

....

....

....

....

Beachten Sie:

Was ist Ihnen bei diesem Kartenbild aufgefallen?

....

Würden Sie eine Tageskarte ziehen lassen? Wenn ja: Weshalb?

....

Lassen Sie eine Ergänzungskarte ziehen? Weshalb?

....

Lassen Sie eine Zigeunerkarte ziehen? Weshalb?

....

Welchen persönlichen Ratschlag würden Sie der Kundin mit auf den Weg geben?

....

Meine Interpretation:

Die augenblickliche Lebenssituation dieser Kundin ist vornehmlich von Angst geprägt.

Bereits die erste Karte bringt das Thema Ängste auf den Tisch.
Die weitere Interpretation des Tableaus zeigt eheliche Belastungen. Auch hier erkenne ich Ängste und Falschheit. Auch das Thema Scheidung liegt bereits in der Luft (*Nr. 25 Ring + Nr. 10* Sense in der senkrechten Deutungslinie).

Der seelische Druck führt bei meiner Kundin zu Kopfschmerzen und Depressionen (*Nr.23 Ratte, Nr.16 Sterne* und *Nr.12 Vögel,* senkrecht). Ein „Abschalten“ scheint dieser Kundin derzeit unmöglich. Stets kreisen ihre Gedanken um ein und dieselbe Sache:

Das Ende ihrer Ehe und die neue Beziehung ihres Mannes (*Nr. 28 Mann, Nr.33 Schlüssel, Nr.24 Herz* und *Nr.7 Schlange;* senkrechte Deutungslinie*)* gehen ihr nicht mehr aus dem Kopf.

Zur Erinnerung:

Bitte beachten Sie die folgenden beiden Kartenreihen im Vergleich.
In beiden Fällen handelt es sich um eine außereheliche oder außerpartnerschaftliche Liebesbeziehung zwischen Nr. 28 Mann und Nr. 7 Schlange.

Jedoch muss bei der Deutung auf jeden Fall mit einbezogen werden, dass die Affäre in der ersten der beiden dargestellten Kartenreihen weit intensiver und kraftvoller ist, als in der zweiten Kartenreihe.

Die Schlüsselkarte deutet auf eine kraftvolle und starke Ausführung dieser Liebe hin und stellt demnach eine ernst zu nehmende Gefahr für die bestehende Beziehung oder Ehe des Mannes dar.

Bitte beachten Sie die kraftvolle, intensive Auslebung dieser Liebesbeziehung – angezeigt durch die Schlüsselkarte!

Aber:

Ungeachtet der Tatsache, dass die Liebe zwischen den Ehepartnern erloschen scheint, schlägt meiner Kundin als Skorpion der dritten Dekade die Untreue ihres Ehemannes schwer aufs Gemüt.

Die einzige Verbindung zwischen den Eheleuten besteht noch im Geld und den gemeinsamen Gütern, um die noch einige Kämpfe ausgefochten werden müssen (*Nr. 34 Fische, Nr. 4 Haus* und *Nr. 11 Rute;* in der senkrechten Deutungslinie).

In diesem Bereich zeigt sich auch das dominante, starke Wesen des Ehemannes, das die Ängste meiner Kundin vor Verlusten weiter schürt.

Um ihre körperliche Verfassung in den Griff zu bekommen, kann ich meiner Kundin daher an dieser Stelle nur raten, sich zunächst um ihre seelischen Probleme zu kümmern.

(Bitte beachten Sie die folgende Konstellation: *Nr.9 Blumen* und *Nr.11 Rute* zeigen eine Disharmonie auf. Die darauf folgende Karte *Nr.32 Mond* bezieht sich auf das Gefühlsleben an sich.)

Blickt man nun in die Zukunft der Kundin, so erkennt man große Chancen für positive Veränderungen. Voraussetzung hierfür ist allerdings eine gewisse Offenheit Neuerungen gegenüber.

Oft liegt das Glück zum Greifen nahe, wir müssen es lediglich zulassen und willkommen heißen.

Neue Bekanntschaften, Unternehmungen mit Freunden sind oft der erste und wichtigste Schritt in eine aktivere, schönere Zukunft. Öffnen wir uns den Menschen um uns herum, so können wir wieder Glück und Anerkennung finden.

Auch ein neuer Mann liegt in diesem Tableau, eine Bekanntschaft, die meine Kundin im folgenden Sommer machen wird.

Selbst eine Heirat mit diesem neuen Mann ist nicht ausgeschlossen. Ergreift sie diese Chance, so steht unserer Kundin eine glückliche, strahlende Zukunft bevor.

***Nach der Interpretation**:*

Was haben Sie im Kartenbild übersehen oder nicht beachtet? (Kombinationen, Negativ-Karten oder Ähnliches?)

....

Wobei hatten Sie Schwierigkeiten?

....

Auflösung der weiterführenden Fragen:

Was ist Ihnen bei diesem Kartenbild aufgefallen, bzw. hätte Ihnen auffallen sollen?

- Die Angst der Kundin darf keinesfalls übersehen werden, da sie durch die erste Karte bestimmend für das ganze Tableau ist.
- Die Probleme in der derzeitigen Partnerschaft
- Gründe dieser Probleme (Geliebte des Mannes)
- Gesundheitliche Probleme und deren Ursachen
- Zukünftige Chancen

Würden Sie eine Tageskarte ziehen lassen? Wenn ja: Weshalb?

- Eine Tageskarte wäre in jedem Fall hilfreich.
- Die anhand der Tageskarte gewonnenen Erkenntnisse über die derzeitige Situation erleichtern den Einstieg in die Beratung. Hierzu eignet sich eine Tageskarte besonders gut.

Lassen Sie eine Ergänzungskarte ziehen? Weshalb?

- Wünscht die Kundin einen Rat darüber, wie sie sich in der Zukunft verhalten sollte, so würde ich sie auch eine Ergänzungskarte ziehen lassen.

Lassen Sie eine Zigeunerkarte ziehen? Weshalb?

- Möchte die Kundin mehr über Hintergründe wissen, würde ich zu den Zigeunerkarten greifen.

Situation 5
Eine weitere Übung

Trotz ihres auf den ersten Blick sehr selbstbewussten Auftretens, wusste die Kundin aus diesem fünften Beispiel nicht mehr, wie sie mit ihrem Kind umzugehen hatte.

Nach dem Scheitern ihrer Ehe kam sie immer schlechter mit ihrem Sohn zurecht.

Seit der Trennung von seinem Vater hat der Junge offenbar das Vertrauensverhältnis zu seiner Mutter verloren. Auch der Respekt und die Anerkennung ihr gegenüber scheinen wie weggeblasen.
Er gibt kurze, einsilbige und freche Antworten und nimmt die Anweisungen seiner Mutter nicht länger ernst.

Obwohl sich meine Kundin der Tatsache bewusst war, dass die Situation auch für ihren Sohn alles andere als leicht war, und dass sie ihm die nötige Zeit lassen musste, sich den veränderten Lebensumständen anzupassen, litt sie unter seiner frechen und aufsässigen Art und hatte viel von ihrem Selbstbewusstsein ihm gegenüber eingebüßt.

Im vorigen Beispiel haben Sie ja bereits einen Teil der Analysen und Interpretationen selbst durchgeführt.

Nun möchte ich Sie bitten, diesmal die gesamte Beratung ohne meine Mithilfe zu erledigen.
Meine Interpretation finden Sie wie üblich anschließend. Decken Sie diese auch in diesem Fall am besten ab, um den einen oder anderen bestätigenden Blick in meine Musterinterpretation zu vermeiden.

Ich werde Ihnen nun die Tageskarte der Kundin präsentieren und möchte Sie bitten, die daraus gewonnenen Informationen mit Hilfe der Aufstellung im Anhang und der einleitenden Situation als einen ersten Einstieg und eine erste Charakterisierung zu nutzen.

__Tageskarte__: Nr. 36 Kreuz

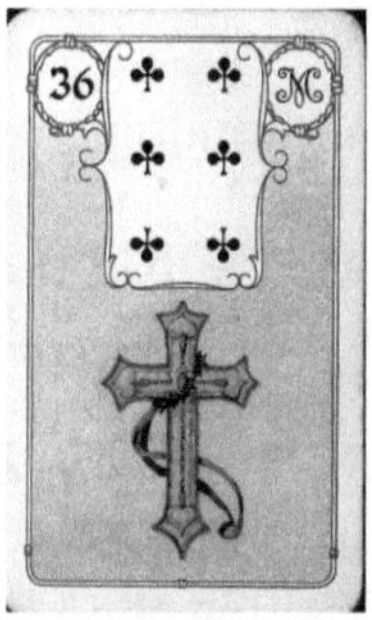

Bedeutung der Tageskarte:

………………………………………………………………………………

Wie kann ich die Information aus der Tageskarte mit der Information seitens der Kundin verbinden?

……………………………………………………………………………..

Was sollte ich später im Kartenbild in Verbindung mit der Tageskarte beachten?

……………………………………………………………………………

Hier nun die Auflösung:

Bedeutung der Tageskarte:

An die Zukunft glauben, nicht aufgeben.

Die Kreuzkarte ist eine Karte mit vielen Facetten und kann durch ihre reichhaltigen Aspekte auf vielfache Art und Weise gedeutet werden.
So weist sie sowohl auf die Zukunft, als auch auf den Glauben und die Hoffnung an sich hin, wobei der Glaube nicht unbedingt nur in religiösem Sinne gedeutet werden muss. Auch die Bedeutung des Vertrauens ist dieser Karte zu Eigen.

Wie kann ich die Information aus der Tageskarte mit der Information seitens der Kundin verbinden?

Augenblicklich macht diese Kundin eine schwere Phase durch, die noch immer in erheblichem Maße mit Problemen aus der Zeit ihrer Scheidung belastet ist.
Es lohnt sich jedoch, bereits jetzt auf die Zukunft hin zu arbeiten.

Was sollte ich später im Kartenbild in Verbindung mit der Tageskarte beachten?

Beachten Sie in Ihrem späteren Tableau, welche Karte sich rechts neben der Tageskarte im Kartenbild befindet.
Diese Karte weist Ihnen bereits einen Weg in die Zukunft (Vgl. Situation 1).

Als zweiten Schritt der Übung gehen wir hier noch einmal die einführenden Analysen gemeinsam durch:
Ich gebe Ihnen wieder das Geburtsdatum und das Jahr, in dem die Analyse stattfindet, vor. Stellen Sie nun bitte die Jahresanalyse, sowie die astrologische Einschätzung für die Kundin zusammen.

Einführende Analyse: Jahresanalyse

Geburtsdatum der Kundin: 18.10.1964
Wir haben das Jahr 2003.

Ihre Jahresanalyse:

....

Ihre Astrologische Einschätzung:

....

Meine Interpretation:

Einführende Analyse: Jahresanalyse

Die 6 – ein gutes Jahr

Dies ist ein äußerst fruchtbares Jahr für Beziehungen aller Art. Und zwar sowohl im privaten wie auch im beruflichen Bereich.

Auch bereits bestehende Verbindungen könnten entscheidend verbessert und auf eine harmonischere und verständnisvollere Ebene gelenkt werden. Das Miteinander spielt hier eine entscheidende Rolle.

Aus einem Mangel an Selbstvertrauen oder bestehenden Unsicherheiten heraus könnten allerdings leicht Probleme erwachsen. Stehen Sie daher zu Ihren Schwächen und versuchen Sie, sich nicht einfach nur um des lieben Friedens Willen in den Schatten drängen zu lassen.

Astrologische Einschätzung:

Bei dieser Kundin handelt es sich um eine Waage der 3. Dekade.

Allgemein:

Positiv:

- harmonische Persönlichkeit
- angenehmes, freundliches Wesen
- gestalterische Begabung

Negativ:

- Neigung zur Gleichgültigkeit
- Misstrauen

3. Dekade 14. 10. – 23. 10.

Wer im Zeichen der Waage geboren ist, neigt dazu, viel zu tun, um für Harmonie und Ausgleich in seiner Umgebung zu sorgen. Gerät etwas ins Ungleichgewicht, so versuchen sie, diese Situation so schnell wie möglich zu beheben und den reibungslosen und harmonischen Ablauf wieder herzustellen.
Sie werden deshalb auch im Allgemeinen als äußerst angenehme und ausgeglichene Zeitgenossen betrachtet.

Die dritte und letzte Dekade unterliegt dabei allerdings bereits dem Einfluss des nachfolgenden Sternzeichens: Dem Skorpion.

Anstatt sich bedingungslos anzupassen, um ja nicht als störendes Element betrachtet zu werden, nehmen die Waagegeborenen dieser Dekade gerne mal die Zügel in die Hand und lenken den Wagen notfalls mit Kraftaufwand auf den eigentlichen Weg zurück.

Wie auch die Skorpiongeborenen, so lieben diese Waagen bedingungslos und kraftvoll, können jedoch über einen Treuebruch unter gar keinen Umständen hinwegsehen.

Ist das Vertrauen, das Waagen in ihre Partner gesetzt haben, erst einmal erschüttert, so gelingt es ihnen, sich aller Vorbehalte zum Trotz aus Beziehungen zu lösen und neue Wege zu gehen.

Das Zutrauen und Wohlwollen einer solchen Person zurück zu gewinnen stellt eine schwer lösbare Aufgabe dar.
Hat man es sich also einmal mit ihnen verscherzt, so werden sie einen über lange Zeit hinweg mit Skepsis, Misstrauen und Argwohn betrachten.

Oftmals neigt diese Waagedekade sogar dazu, ihr Herz vor dieser Person vollkommen zu verschließen, um weiteren Verletzungen vorzubeugen.

Eine Bemerkung am Rande:

Auch hier sei noch einmal daran erinnert, dass es sich bei diesen Auflösungen um meine persönlichen Interpretationen und Ansichten zu dieser Situation handelt.
Sie selbst können durchaus eine etwas andere Gewichtung in ihren Aussagen treffen, aber in den Grundtendenzen sollten meine und Ihre Interpretationen übereinstimmen.

Kartenbild:

Nr. 29 Frau	Nr. 32 Mond	Nr. 36 Kreuz	Nr. 35 Anker	Nr. 12 Vögel	Nr. 28 Mann	Nr. 4 Haus	Nr. 18 Hund
Nr. 22 Wege	Nr. 21 Berg	Nr. 16 Sterne	Nr. 11 Rute	Nr. 33 Schlüs-sel	Nr. 5 Baum	Nr. 10 Sense	Nr. 20 Garten
Nr. 23 Ratte	Nr. 15 Bär	Nr. 14 Fuchs	Nr. 19 Turm	Nr. 30 Lilie	Nr. 13 Kind	Nr. 26 Buch	Nr. 8 Sarg
Nr. 3 Schiff	Nr. 31 Sonne	Nr. 24 Herz	Nr. 25 Ring	Nr. 34 Fische	Nr. 7 Schlan-ge	Nr. 2 Klee	Nr. 27 Brief
		Nr. 6 Wolken	Nr. 17 Storch	Nr. 1 Reiter	Nr. 9 Blumen		

Bitte interpretieren Sie das Kartenbild:

……………………………………………………………………………

……………………………………………………………………………

……………………………………………………………………………

……………………………………………………………………………

Würden Sie eine Tageskarte ziehen lassen?
Wenn ja: Weshalb?

………………………………………………………………………

Lassen Sie eine Ergänzungskarte ziehen? Weshalb?

………………………………………………………………………

Lassen Sie eine Zigeunerkarte ziehen? Weshalb?

………………………………………………………………………

Welchen Ratschlag würden Sie der Kundin geben?

………………………………………………………………………

Meine Interpretation:

Bitte beachten Sie Folgendes:
Die Kundin aus diesem Beispiel hat sich bereits vor einiger Zeit von ihrem Mann getrennt und ist inzwischen neu liiert.

Dieser neue Mann erscheint demnach im Kartenbild als der Partner dieser Frau (*Nr. 28 Mann*).

Ihr ehemaliger Mann hingegen wird nun durch die Karte *Nr. 15 Bär* repräsentiert!

Zur Erinnerung:

*Bei dieser Karte **Nr. 28 Mann** handelt es sich stets um den **aktuellen** Partner oder Ehemann der Konsultantin. Befindet sich die Klientin augenblicklich nicht in einer Beziehung und liegt eine Zukunftskarte in der Deutungsreihe, so vermag es sich auch um einen zukünftigen Partner zu handeln.*

*Ist die Konsultantin bereits geschieden, so erkennen wir den **ehemaligen** Ehemann in der **Karte Nr. 15 Bär**.*

*Bei dieser Karte **Nr. 9 Frau** handelt es sich stets um die **aktuelle** Partnerin oder Ehefrau des Konsultanten.*
Befindet sich der Klient augenblicklich nicht in einer Beziehung und liegt eine Zukunftskarte in der Deutungsreihe, so vermag es sich auch um eine zukünftige Partnerin zu handeln.

*Ist der Konsultant bereits geschieden, so erkennen wir die **ehemalige** Ehefrau in der Karte **Nr. 7 Schlange**.*

Bemerkung: Natürlich wäre es in einem solchen Fall ebenfalls möglich, statt von einer Ehe auch von einem eheähnlichen Verhältnis zu sprechen.

Weiter mit meiner Interpretation

Nach der Trennung von ihrem Mann fand die Kundin endlich wieder Zeit, sich um ihre eigenen Belange und ihr persönliches Wohlergehen zu kümmern.

Nun stellt sie nicht länger ihren Ex-Mann in den Vordergrund, sondern steht in ihrem Leben selbst an erster Stelle.

Durch das gemeinsame noch unmündige Kind lässt sich ihre zerbrochene Ehe jedoch nicht einfach aus ihrem neuen Leben ausklammern.

Besuche müssen geregelt, Zahlungen und Schulprobleme besprochen werden.
Diese Unfähigkeit, mit der Vergangenheit abzuschließen, belastet beide Ex-Partner stark.

Mittlerweile ist das Kind zu einer Art Spielball in dieser Beziehung geworden.

Während die Kundin bereits nach Lösungen sucht, die Situation in den Griff zu bekommen, versucht ihr Ex-Mann (*Nr. 15 Bär*), sie über das gemeinsame Kind zurückzuerobern.

Seine Gefühle für sie sind nämlich noch nicht erloschen.

Die Kundin selbst hat nach der Enttäuschung über ihre Ehe eine ungemein positive Entwicklung durchgemacht und sich von einem unscheinbaren Mauerblümchen hin zu einer selbstbewussten, eigenständigen Frau entwickelt, die zudem bereits mit einem neuen Partner glücklich ist.

Ihr ehemaliger Mann hingegen hat starke Schwierigkeiten, mit dieser für ihn neuen und ungewohnten Entwicklung klar zu kommen.

Sein Hang zum Jammern und zum Selbstmitleid führt dazu, dass er selbst immer passiver wird, sich ungerecht behandelt fühlt und vor sich hin leidet. Diese ungesunde Lebenseinstellung schlägt ihm nun im wahrsten aller Sinne „auf den Magen“ und bestätigt ihn in seinem Leiden.

Nun sieht das Kind seinen geliebten Vater leiden und sucht die Schuld dafür bei der Mutter. Wie schon der Vater selbst, so schiebt er ihr die Verantwortung für dessen gesundheitliche und seelische Beschwerden zu.

Neben den Problemen mit dem gemeinsamen Sohn belastet die gescheiterte Ehe auch einen weiteren Punkt im Leben der Kundin: Enttäuscht und verunsichert vom Vertrauensbruch ihres Ex-Mannes fällt es ihr momentan noch schwer, wieder volles Vertrauen zu ihrem neuen Partner zu fassen.

An diesem Punkt sollte sie jedoch auf alle Fälle arbeiten.
Dies gilt insbesondere, da sich Unsicherheit und Misstrauen letztendlich auch bei ihr auf die Gesundheit auswirken: Die Kundin leidet in letzter Zeit verstärkt an Unterleibsproblemen.

Auch ihrem neuen Partner gegenüber wäre diese misstrauische Haltung nicht fair.

Er könnte sich zurückgestoßen fühlen und sich letzten Endes sogar aus der Beziehung lösen, um eine neue Partnerschaft einzugehen.

Da er sich redlich bemüht, ihr die nötige Sicherheit zu geben, sollte sie seine Mühen honorieren und ihm einen angenehmen Ausgleich zu seinem anstrengenden Berufsalltag schaffen.

Mein abschließender Ratschlag:

Das eigentlich harmonische neue Familienleben
dieser Kundin darf nicht länger
von der leidenden und nach Mitleid suchenden Art
ihres Ex-Mannes belastet werden.

Raten wir der Dame also,
Vergangenes vergangen sein zu lassen
und sich ihrem neuen Partner gegenüber
voll und ganz zu öffnen.

Hier könnte man übrigens erwägen,
eine neutrale Person hinzu zu ziehen,
sobald Dinge, die den gemeinsamen Sohn betreffen,
mit dem Ex-Partner besprochen werden müssen.

Einigkeit zwischen Mutter und Vater
gäbe auch dem Sohn den nötigen Rückhalt,
welchen er nach der Scheidung seiner Eltern
so dringend benötigt.

Nach der Interpretation:

Was haben Sie im Kartenbild übersehen oder nicht beachtet? (Kombinationen, Negativ-Karten oder Ähnliches?)

....

Wobei hatten Sie Schwierigkeiten?

....

Auflösung der weiterführenden Fragen

Was hätte Ihnen bei diesem Kartenbild auffallen sollen?

1. Der Ex-Mann:

   - Dieser Mann klammert sich noch immer an die Vergangenheit.
   - Beachten Sie hier die Auswirkungen auf seinen Sohn und seine Ex-Frau!
   - Gesundheitliche Probleme und deren Ursachen (Selbstmitleid).

2. Die Kundin:

   - Die Probleme in der derzeitigen Partnerschaft und deren Ursachen (Misstrauen der Kundin ihrem neuen Partner gegenüber).

- Die Selbsteinschätzung der Kundin, da diese als erste Karte bestimmend für das ganze Tableau ist
- Kontakte zum Exmann, Misstrauen gegen neuen Partner, Probleme des Sohnes.
- Gesundheitliche Probleme (Unterleib) und deren Ursachen.
- Mögliche Chancen in der Zukunft
- Was in Zukunft beachtet werden sollte, um die neue Partnerschaft nicht zu gefährden.

3. Der Sohn:

- Die Probleme des Sohnes mit der derzeitigen Situation
- Der Einfluss auf den Sohn durch die Probleme seines Vaters
- Verlust der emotionalen Sicherheit durch das Elternhaus nach der Scheidung der Eltern
- Chancen für die Zukunft

Würden Sie eine Tageskarte ziehen lassen? Wenn ja: Weshalb?

Ich lasse fast immer eine Tageskarte ziehen, da mir dieses kleine Hilfsritual den Einstieg in die Analyse erleichtert.
Zudem gibt uns das Mischen und Besprechen der Karte ein wenig Zeit, uns besser kennen zu lernen.
So kann der Kunde sich dann besser auf die kommende Situation einstellen und sich der Beratung öffnen.

Auch im späteren Kartenbild kann mir die Tageskarte eine große Hilfe sein.

Ein Blick auf die Lage der Tageskarte im Tableau kann mir zudem helfen, diese Karte weiter zu erörtern.

Sehen Sie sich hierzu einfach die umliegenden Karten genauer an. Besondere Beachtung finden auch hier wieder die direkt angrenzenden Karten über und unterhalb der Tageskarte, sowie die beiden angrenzenden Karten auf der rechten und linken Seite.

Die Karte rechts neben der Tageskarte weist bereits auf einen zukünftigen Weg hin.

Lassen Sie eine Ergänzungskarte ziehen? Weshalb?

Wie der Name schon sagt, stellen Ergänzungskarten lediglich eine Ergänzungsmöglichkeit zum normalen Kartenbild dar.

Ob es sinnvoll ist, diese Karten mit einzubeziehen, hängt wiederum von der Fragestellung und den bisher gemachten Aussagen ab.

Ich persönlich würde vor allem dann noch eine Ergänzungskarte ziehen lassen, wenn die Kundin mich um einen zusätzlichen Rat in einem bestimmten Bereich der Deutung bittet.
Nicht immer lässt sich jede Frage aus den umliegenden Karten oder der entsprechenden Deutungslinie im Tableau heraus beantworten.

Sollte die Kundin also zum Beispiel Interesse an einem Rat im Hinblick auf ihren Freund haben, da sie nicht weiß, wie sie ihr Misstrauen überwinden kann, so würde ich die Ergänzungskarten zu Hilfe nehmen.

Machen Sie das Einbeziehen der Ergänzungskarten am besten immer von der jeweiligen Situation, sowie Ihrem persönlichen Gefühl abhängig.

Lassen Sie eine Zigeunerkarte ziehen? Weshalb?

Möchte die Kundin etwas über die genaueren Hintergründe einer Situation oder einer Verhaltensweise wissen, so würde ich sie an dieser Stelle bitten, eine Zigeunerkarte zu ziehen.

Wie Ihnen ja bekannt ist, lassen sich Fragen nach dem „warum" und „weshalb" mit Hilfe dieser Karten am einfachsten und schnellsten beantworten.
Bitte beachten Sie auch hier wieder, ob diese Karte auf dem Kopf steht, da sich dadurch die Bedeutung der Kartenaussage erheblich verändern könnte.

Um beispielsweise zu erörtern, weshalb der Ex-Mann meiner Klientin sich lieber selbst bemitleidet und von sich aus keinen Schritt nach Vorne tut, als sich endlich aufzuraffen und ein neues Leben zu beginnen, würde ich den Einsatz der Zigeunerkarten empfehlen.

Bemerkung
Schulen Sie Ihr Gespür für die Einsatzmöglichkeiten der jeweiligen Kartensätze!
Nehmen Sie sich die Ergänzungskarten immer wieder vor und üben Sie mit ihnen, genauso wie Sie es bereits mit Ihren Lenormand-Karten getan haben.

Spielen Sie mit den Möglichkeiten, die Ihnen diese Karten bieten!
Setzen Sie sie beispielsweise als Tageskarten ein (die Stimmungskarten eignen sich hierzu übrigens besonders gut!), oder nehmen Sie sie zur Hand, wenn Sie sich aufgewühlt oder verunsichert fühlen.
Sie werden erstaunt sein, wie vielfältig sich auch die Zusatzkarten immer wieder einsetzen lassen, und welche Chance sich Ihnen dadurch eröffnen.
Ich selbst kenne beispielsweise Kartenleger, die jede Sitzung mit der Ziehung einer Stimmungskarte beginnen.

Situation 6
Eine weitere Übung
Beantworten konkreter Fragen

Kartenbild:

Fragen zur Deutung eines Kartenbildes

Nr. 22 Wege	Nr. 18 Hund	Nr. 16 Sterne	Nr. 27 Brief	Nr. 36 Kreuz	Nr. 3 Klee	Nr. 7 Schlan- ge	Nr. 29 Frau
Nr. 21 Berg	Nr30 Lilie	Nr. 3 Schiff	Nr. 6 Wolken	Nr. 26 Ring	Nr. 11 Rute	Nr. 20 Park	Nr.33 Mond
Nr. 34 Fische	Nr. 13 Kind	Nr. 17 Storch	Nr. 5 Baum	Nr. 15 Bär	Nr. 8 Sarg	Nr. 19 Turm	Nr. 12 Vögel
Nr. 28 Mann	Nr. 14 Fuchs	Nr. 23 Ratte	Nr. 4 Haus	Nr. 9 Blumen	Nr. 26 Buch	Nr. 10 Sense	Nr. 33 Schlüs- sel
		Nr. 35 Anker	Nr. 1 Reiter	Nr. 24 Herz	Nr. 31 Sonne		

Kommen Kunden zu mir zur Beratung, so tragen sie gewöhnlich eine Reihe ungelöster Fragen mit sich herum.
Diese Fragen möchten sie anhand des Kartenbildes dann selbstverständlich auch beantwortet haben.
Zudem werfen neue Erkenntnisse, die sich aus dem jeweiligen Tableau gewinnen lassen, auch immer wieder neue Fragen und Probleme auf.
Mit Hilfe Ihrer Karten sollte es Ihnen nun gelingen, diese Themen näher zu erläutern und in kurzen, knappen aber aussagekräftigen Sätzen zu beantworten.

Dieses Kapitel soll Ihnen helfen, das Erkennen von Themen und Antworten innerhalb des von Ihnen ausgelegten Kartenbildes zu üben und Ihre Fähigkeit, rasch und präzise zu „sehen" zu erweitern.

Das ausgelegte Kartenbild gehört diesmal einem Mann

Wie Sie wissen ist es bei der Deutung eines Tableaus äußerst wichtig, ob das Kartenbild zu einer Frau oder einem Mann gehört.

Dieser Mann ist am 28. Juli 1942 geboren.

Nun sind Sie an der Reihe!

Bitte gehen Sie auch bei dieser Art der Deutung systematisch vor. Die vorgestellten fünf Schritte zur Auslegung sollten auch eingehalten werden, wenn lediglich konkrete Fragen zu einer aktuellen Situation beantwortet werden sollen.

1) Ziehen einer Tageskarte
Bedeutung der Tageskarte:

....

Wie kann ich die Information aus der Tageskarte mit der Information seitens des Kunden verbinden?

....

Was sollte ich später im Kartenbild in Verbindung mit der Tageskarte beachten?

....

2) *Einführende Analyse: Jahresanalyse*

Das Geburtsdatum des Kunden ist der 28.Juli 1942
Wir schreiben das Jahr 2003.

Ihre Jahresanalyse:

....

Ihre astrologische Einschätzung:

....

Bitte Interpretieren Sie die folgenden Fragen,
Werfen Sie nun einen tieferen Blick in Ihr Tableau!

Wichtig: Bitte vergessen Sie nicht, zusätzlich nach Kombinationen zu schauen!

3) Welches Problem steht augenblicklich an?

....

4) Denkt dieser Mann oft an die Vergangenheit
oder ist er eher zukunftsorientiert?

....

5) Denkt die Ehefrau dieses Mannes oft an die Vergangenheit
oder ist sie eher zukunftsorientiert?

....

6) Läuft dieser Mann Ihrer Meinung nach Gefahr, seine Arbeitsstelle zu verlieren?

....

7) Übt seine Ehe eine gesundheitliche Belastung auf ihn aus?

....

8) Erkennen Sie eine Scheidung im vorliegenden Kartenbild?

....

9) Würden Sie diesem Mann zu einer Flugreise ins Ausland raten?

....

10) Erkennen Sie, ob seine Ehefrau momentan glücklich ist?

....

11) Sehen Sie, ob dieser Mann derzeit ein glückliches Leben führt?

....

12) Wie würden Sie die finanzielle Situation des Konsultanten einschätzen?

....

13) Welche weiteren Themen oder Fakten erkennen Sie in diesem Tableau?

....

14) Würden Sie diesen Herrn bitten, zu einem der genannten Themen eine Stimmungskarte zu ziehen?
Zu welchem Thema würde sich diese Analysemethode Ihrer Meinung besonders gut eignen?

....

15) Würden Sie Ihren Klienten eine Ergänzungskarte ziehen lassen?
Begründen Sie Ihre Entscheidung!

....

16) Würden Sie zusätzlich noch eine Zigeunerkarte ziehen lassen?
Weshalb wäre dies Ihrer Meinung nach ratsam?

....

17) Fassen Sie Ihre Aussagen nun bitte in einem abschließenden Ratschlag an Ihren Konsultanten zusammen!

....

meine Lösungsvorschläge

1) Ziehen einer Tageskarte

→ Diese Frage können Sie selbst anhand der jeweiligen gezogenen Tageskarte beantworten.

2) *Einführende Analyse: Jahresanalyse*

Das Geburtsdatum des Kunden ist der 28.Juli 1942
Wir schreiben das Jahr 2003.

Ihre Jahresanalyse:

Bei diesem Kunden handelt es sich um einen Sechser.

Weitere Informationen zu Menschen dieser Geburtszahl, entnehmen Sie bitte Lehrbuch V Erweiterter Kurs.

Ihre astrologische Einschätzung:

Dieser Mann ist ein im Sternzeichen des Löwen geboren.

Er gehört der 1. Dekade an und seine Persönlichkeit zeichnet sich demzufolge durch ausgeprägtes Organisationstalent und eine gute Delegationsfähigkeit aus.
Es handelt sich bei ihm um eine ausgesprochene Führungspersönlichkeit, die jedoch leicht herrisch oder verletzend werden kann.

Ausführlichere Daten entnehmen Sie bitte auch hierzu meinem Lehrbuch V Erweiterter Kurs.

3) Welches Problem steht augenblicklich an?

Zur Beantwortung dieser Frage ziehen Sie die erste Karte des Tableaus heran.

Nr. 22 Wege

Entscheidungen sind angesagt – suchen Sie nach Lösungen.

Augenblicklich hat dieser Mann also mit Entscheidungen zu kämpfen.

Ein weiterführender Blick auf die angrenzenden Deutungslinien zeigt uns, dass sich diese Entscheidungen sowohl um seinen Sohn (*Nr. 18 Hund*) drehen, um den er sich große Sorgen macht, als auch um finanzielle Probleme, die ihm augenblicklich äußerst schwerwiegend erscheinen (*Nr. 21 Berg* und *Nr. 34 Fische*).

4) Denkt dieser Mann oft an die Vergangenheit
oder ist er eher zukunftsorientiert?

Da die Personenkarte dieses Mannes (*Nr. 28 Mann*) bereits in der 4. Reihe des Kartenbildes liegt, ist sein Blick eher zurück in die Vergangenheit gerichtet.

5) Denkt die Ehefrau dieses Mannes oft an die Vergangenheit
oder ist sie eher zukunftsorientiert?

Die Personenkarte der Ehefrau (*Nr. 29 Frau*) liegt gleich zu Beginn des Kartenbildes in der ersten Reihe.
Daher können wir bei ihr von einer zukunftsorientierten Frau sprechen, die den Blick stets nach vorne in die Zukunft gerichtet hält.

6) Läuft dieser Mann Ihrer Meinung nach Gefahr, seine Arbeitsstelle zu verlieren?

Nimmt man sich die Themenkarte *Nr. 19 Turm* (Arbeit) vor, so sieht man diese gleich von mehreren negativen Karten umgeben. Links der Turmkarte befindet sich die *Nr. 8 Sarg*, rechts davon die *Nr. 12 Vögel*.

Entscheidend ist an dieser Stelle allerdings die senkrechte Verbindung der beiden Karten *Nr. 19 Turm* und *Nr. 10 Sense.*
Die Gefahr einer Kündigung ist also durchaus gegeben.

7) Übt seine Ehe eine gesundheitliche Belastung auf ihn aus?

In der Diagonalen erkennen wir, dass diese Ehe tatsächlich eine gesundheitliche Belastung für den Klienten sein könnte.

8) Erkennen Sie eine Scheidung im vorliegenden Kartenbild?

Verfolgt man die soeben angesprochene diagonale Deutungslinie weiter, so zeichnet sich die Scheidung immer deutlicher ab.
Diese Ehe stellt nicht nur eine erhebliche Belastung dar, sie wird auch mit hoher Wahrscheinlichkeit geschieden werden.

9) Würden Sie diesem Mann zu einer Flugreise ins Ausland raten?

Hier gilt es, die Karten *Nr. 35 Anker* und *Nr. 17 Storch* (in der Kombination: Flugreise ins Ausland) einer genaueren Betrachtung zu unterziehen.

Zwischen diesen beiden Karten liegt nicht nur die *Nr. 23 Ratte*, auch Tränen und Depressionen liegen in Form der Karte *Nr. 16 Sterne* innerhalb dieser Kartenreihe.

10) Erkennen Sie, ob seine Ehefrau momentan glücklich ist?

Achtung: Diese Karten befinden sich im Kartenbild in der senkrechten Deutungslinie ausgehend von Nr. 29 Frau!

Anhand dieser Karten erkenne ich, dass auch die Ehefrau des Rat suchenden Herrn stark mit ihren Gefühlen zu kämpfen hat.

Die Schlüsselkarte am Ende der Reihe zeigt jedoch auch, dass sie über die nötige Kraft verfügt, über diesen Kummer hinwegzukommen und ihr Leben trotz allem noch fest im Griff hat.

11) Sehen Sie, ob dieser Mann derzeit ein glückliches Leben führt?

Auch das Leben dieses Mannes ist derzeit von Problemen überschattet. Wir erkennen sowohl finanzielle Belastungen also auch die Angst, sowohl finanziell als auch im häuslichen Bereich hintergangen zu werden.
Diese Ängste lassen sich allerdings nicht verifizieren.

Bemerkung:
In der waagrechten Deutungsreihe des Mannes liegt ebenfalls das *Buch Nr. 26.* Es ist also noch lange nichts spruchreif.
von dieser Karte an lesen Sie in die Zukunft.

12) Wie würden Sie die finanzielle Situation des Konsultanten einschätzen?

Wie bereits vorangehend erwähnt sorgt sich der Kunde um seine finanzielle Lage.

Er fürchtet, hintergangen und ausgenommen zu werden.

13) Welche weiteren Themen oder Fakten erkennen Sie in diesem Tableau?

Wie immer können Sie sich jedes beliebige Thema aus dem Tableau heraussuchen und dieses weitergehend deuten.

Üblicherweise bieten sich Themenbereiche wie Liebe, Zukunft, eventuelle Kinder oder deren schulische Probleme besonders an.

14) Würden Sie diesen Herrn bitten, zu einem der genannten Themen eine Stimmungskarte zu ziehen?
Zu welchem Thema würde sich diese Analysemethode Ihrer Meinung besonders gut eignen?

Ob und an welcher Stelle Sie eine Stimmungskarte ziehen lassen, bleibt wie üblich ganz Ihnen selbst und Ihrem Gefühl überlassen.

Ich persönlich würde bezüglich des vorangehenden Tableaus dazu tendieren, zu Themen wie Liebe und Ehe eine Stimmungskarte ziehen zu lassen.

So lassen sich dann auch Fragen nach einer eventuellen Scheidung leichter einordnen und deuten.

15 / 16 / 17)
Auch den Einsatz der übrigen Zusatzkarten sollten Sie von der jeweiligen Lage abhängig machen.

Eine Ergänzungskarte oder Zigeunerkarte würde sich beispielsweise zum Thema Finanzen oder allgemeine Ängste ziehen lassen.

Zukunftsdeutung Ring
Scheidung ja oder nein?

Unterschiede in den Formulierungen

Die Tatsache, dass unterschiedliche Situationen immer auch unterschiedliche Vorgehensweisen und Formulierungen erfordern, ist Ihnen aus dem Alltag sicherlich bereits wohlbekannt.

Einem zufriedenen, glücklichen Menschen gegenüber wählen Sie andere Worte, als sie im Umgang mit einer bedrückten, vielleicht sogar verzweifelten, Person für angebracht halten.

Gerade beim Kartenlegen ist es nun wichtig, diese Anpassungsfähigkeit zu schulen und mit viel Gespür für Ihr Gegenüber einzusetzen.

Mit ein wenig Fingerspitzengefühl und dem nötigen Gespür für die Stimmung Ihres Gegenübers erkennen Sie bereits am Tonfall oder anhand der Gesprächslautstärke, in welcher Gemütslage sich Ihre Mitmenschen gerade befinden.

Im Gegensatz zu den vorausgehenden Übungen, die sich hauptsächlich auf Legetechnik und Fakten konzentrierten, wollen wir uns an diesem Punkt also eher den psychologischen Aspekten des Kartenlegens zuwenden.

Um den richtigen Ansatz für Ihr Beratungsgespräch zu finden, ist es unabdingbar, dass Sie sich von Ihren Kunden ein genaues Bild machen und ihre seelische Verfassung gut einschätzen können.

Dies erreichen Sie am einfachsten, indem Sie die benötigten Informationen in einer festgelegten Reihenfolge erfragen.

Im Folgenden möchte ich Ihnen eine Vorgehensweise zum Einstieg in eine Beratung zeigen, nach der ich auch heute noch arbeite.

Auch hier gehe ich nun wieder ganz methodisch vor. Die Informationen, die ich für meine Beratung benötige, frage ich immer in derselben Reihenfolge ab und handle auch sonst stets nach dem folgenden Muster:

- Erfragen des Geburtsdatums
- Erfragen der Geburtsdaten des Partners/ der Partnerin
- Reinigen der Karten mit dem Energie-Pfeil
- Karten an die Kundschaft weiterreichen und mischen lassen

Während die Karten von meiner Kundschaft gemischt werden, nutze ich die gewonnene Zeit zur Berechnung der nachfolgenden Daten:

- Sternzeichen mit jeweiliger Dekade
- Lebenszahl aus der Numerologie
- Jahreszahl aus der Numerologie.

So erhalte ich bereits erste Auskünfte über die Charakterzüge und Eigenschaften meiner Kunden.

Nachdem die Karten fertig gemischt wurden, nehme ich sie wieder an mich und lege sie zu einem Tableau aus. Bereits bei der ersten Karte kann ich mit meiner Situationsanalyse beginnen.

Je nach Lebenslage der fragenden Person muss natürlich auch das Kartenbild angemessen gedeutet werden. Auf den folgenden Seiten werde ich Ihnen hierzu ein Beispiel aus einem Kartenbild und drei grundverschiedenen, der jeweiligen Situation angepassten, Deutungsmöglichkeiten geben.

Zukunftsdeutung Ring

Scheidung ja oder nein?

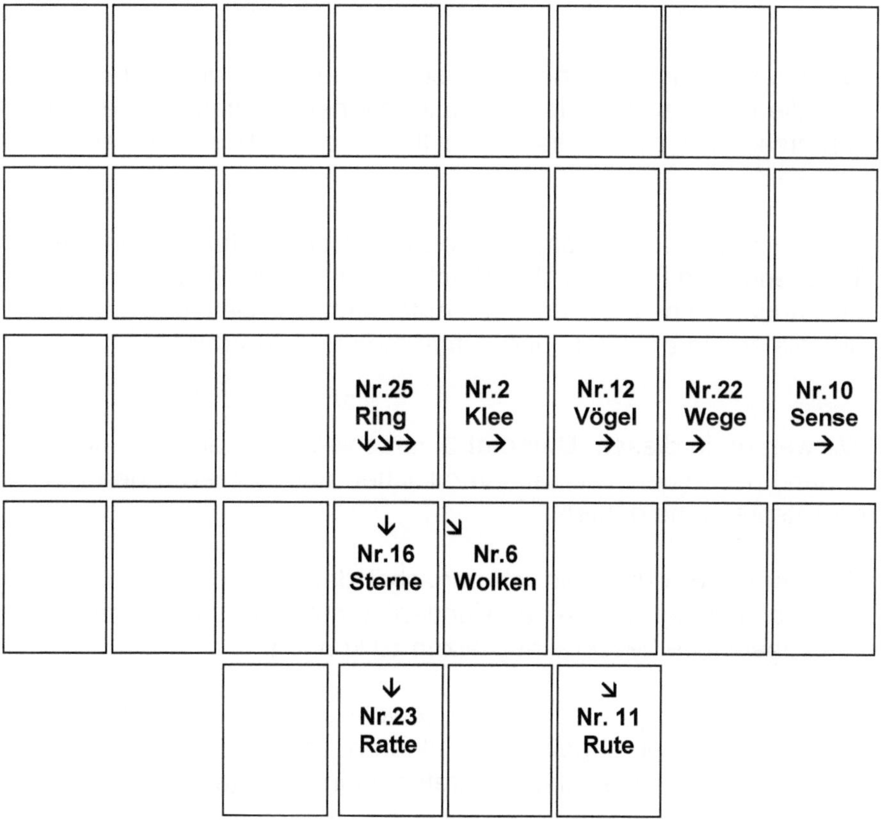

Bitte beachten Sie die Kombinationen!

Anhand des vorliegenden Kartenbildes möchte ich Ihnen meine Vorgehensweise im Umgang mit grundverschiedenen Kundenpersönlichkeiten in unterschiedlichen Lebenssituationen veranschaulichen.

Obwohl es sich in allen drei Situationen um ein und dasselbe Kartenbild handelt, werden Sie erstaunt sein, wie unterschiedlich die daraus gewonnenen Aussagen doch sein können.

Wie Ihnen mittlerweile bewusst ist, sind es nicht die Karten allein, die Ihnen zweifelsfrei die Zukunft einer bestimmten Person vorhersagen. Das Tableau kann Ihnen lediglich eine Hilfestellung sein.

Die Aussagen selbst kommen von Ihnen als Kartenleger/in und Ihr Gespür und Feingefühl sind daher von größter Bedeutung.
Es handelt sich quasi um Ihre Antennen, mit welchen Sie die Signale aus Ihrer Umgebung aufnehmen und zuordnen.

Wir werden in diesem **Beispiel 3** verschiedene Fragestellungen anhand desselben Tableaus vergleichen und der jeweiligen Lage entsprechend deuten.

Wie bereits erwähnt, bin ich zunächst darauf angewiesen, mir eine Vorstellung von meinen Kunden zu machen, um ihre jeweilige Lebenslage besser einschätzen zu können.

Diese Vorstellung entnehme ich sowohl dem Kartenbild selbst, als auch den oben angeführten Faktoren, sowie der Stimme, der Haltung und dem restlichen Auftreten meines Gegenübers.

Verlassen Sie sich dabei bitte ganz auf Ihre Intuition.
Mit jeder weiteren Beratung wird sich Ihr Gespür ein Stück weiter verfeinern, denn selbst die so genannte Eingebung ist eben auch eine Sache der Übung.

Achtung!

Bitte unterschätzen Sie die Wichtigkeit der richtigen Wortwahl in keinem Fall!

Als Kartenleger/in haben Sie eine äußerst verantwortungsvolle Position inne!
Sie fungieren sowohl als Medium, das den Kunden hilft, einen tiefer gehenden Einblick in Vergangenes, Gegenwärtiges und zukünftige Faktoren zu erhalten, als auch als Lebensberater/in, ja mitunter beinahe schon als psychologische/r Berater/in.

Wer Rat in den Karten sucht, befindet sich zumeist bereits in einer verworrenen und schwierigen Lebenssituation, in welcher eine unbedachte Äußerung unter Umständen schlimme Folgeschäden nach sich ziehen kann.

Stellen Sie sich nur einmal vor, welche Folgen eine vorschnelle Bemerkung über einen Seitensprung des Partners für eine glückliche Ehe haben könnte.

Ebenso sollten Sie Ihre Worte im Umgang mit unglücklichen oder resignierten Menschen mit besonderer Vorsicht wählen.

Daher möchte ich noch einmal wiederholen:

1. *Schulen Sie Ihr Gespür!*

2. *Beachten Sie die unterschiedlichen Auslegungsmöglichkeiten Ihrer Karten (Beispiel Vögel: Mühe/Kummer im Gegensatz zu: Bemühen Sie sich um…)!*

3. *Formulieren Sie Ihre Aussagen behutsam und mit viel Fingerspitzengefühl!*

Ein Wort zu Trennungen und Scheidungen:

Gleich nach Krankheiten und Todesfällen, die Sie bekanntermaßen ohnehin ausklammern sollten, stellen Trennungen und Ehescheidungen die heikelsten Themen innerhalb eines Kartenbildes dar.

Aus diesem Anlass heraus möchte ich Sie noch einmal bitten, Aussagen zu diesen Themen ausgesprochen überlegt und umsichtig in Worte zu kleiden.
Unsere Aufgabe besteht darin, zu helfen und zu bewahren, nicht darin, zu zerstören und Verzweiflung zu schüren.

Die wenigsten Menschen sind so skrupellos und egoistisch, Ihre Partnerschaft gedankenlos mit Seitensprüngen zu belasten.
Oft steckt hinter einem solchen Schritt auch das Gefühl, nicht länger geliebt, begehrt oder anerkannt zu werden.

Ein klein wenig mehr anerkennende Worte, eine Prise Lob und Zutrauen können eine angeschlagene und vielleicht bereits aussichtslos erscheinende Ehe oder Beziehung oft ganz schnell wieder kitten.

Verschweigen Sie dieses Thema in Ihren Aussagen nicht.
Bleiben Sie bei Ihren Ansichten. Bringen Sie diese jedoch in eine angemessene Form und vermeiden Sie unnötige Verletzungen.

Der erste Blick in das Kartenbild:

Information:

Wie bereits angesprochen, so erfordern Aussagen zu den Bereichen Trennung und Scheidung viel Fingerspitzengefühl.

Das vorgestellte Kartenbild wird nun insbesondere von der Kartenkombination *Nr. 25 Ring* und *Nr. 10 Sense* bestimmt.

Waagrechte Deutungslinie:

Da sich bei diesem Tableau daher alles um das Thema Scheidung dreht, achte ich insbesondere auf die Ringkarte *Nr. 25*, die beiden Personenkarten Nr. *28 Mann* und *Nr. 29* Frau, sowie auf mögliche Kombinationen (in diesem speziellen Fall natürlich besonders auf die Kombination *Nr. 25 Ring* + *Nr. 10 Sense* = Scheidung).

Auch die senkrechte und diagonale Deutungslinie ausgehend von der Ringkarte sind von großer Wichtigkeit, da sie eine Fülle von Informationen beinhalten

Hier finden Sie eine schnelle und klare Übersicht über alle in diesen Deutungslinien enthaltenen Kartenkombinationen.

Wichtige Kartenkombinationen in diesem Bild:

Nr. 25 Ring + Nr. 2 Klee
glückliche Ehe

Nr. 25 Ring + Nr. 12 Vögel
Kummer/ Probleme/ Mühe

Nr. 25 Ring + Nr. 10 Sense
Scheidung

Nr. 25 Ring + Nr. 23 Ratte
Verlust der Ehe oder
die Ehe macht krank

Nr. 16 Sterne + Nr. 23 Ratte
Depressionen/Leid

Nr. 6 Wolken +Nr. 11 Rute
Streit/ Unklarheiten

Aus dem Kartenbild selbst haben wir nun also sechs Grundaussagen erhalten, doch spielen in ihrer Gewichtung die eigene Intuition, sowie die Art der Fragestellung und die Signale, die von den jeweiligen Kunden ausgehen, eine maßgebliche Rolle.

Sie werden anhand der kommenden Beispiele sehen, wie breit die Spannweite der Interpretationen unter Berücksichtigung aller Umstände sein kann!

1. Beispiel

Meine Kundin im ersten Beispiel möchte etwas über den Zustand ihrer Ehe erfahren.
Der Eindruck, den sie mir vermittelt, ist der einer rundum zufriedenen, glücklichen Frau.

Nr. 25 Ring + Nr. 2 Klee = glückliche Ehe
Ich sehe, dass die Ehe momentan glücklich ist.

Ich sehe aber auch die
Nr. 25 Ring + Nr. 12 Vögel =Kummer/ Probleme/ Mühe

Bitte beachten Sie:

Die Karte *Nr. 12 Vögel* hat bekanntlich zwei Hauptbedeutungen: Neben der Aussage *Kummer und Mühen* kann sie ebenfalls anzeigen, dass man sich um eine Sache *bemühen* sollte.

Ehe ich mit der Interpretation des Kartenbildes beginne, möchte ich Ihnen die Gelegenheit geben, die den Umständen entsprechenden Worte für diese Ausgangslage zu finden.

Betrachten Sie das Tableau und beraten Sie diese erste Kundin!

Ihr Beratungsgespräch:

....

....

Mein Beratungsgespräch:

Wir erinnern uns an den glücklichen Eindruck, den uns diese Dame vermittelte.
Ihre Ehe scheint demnach momentan nicht belastet zu sein.

Ich sage also Folgendes:

Sie sind glücklich verheiratet. Wie in jeder Ehe müssen Sie sich dennoch beide umeinander bemühen.

Ab und zu gibt es natürlich auch in Ihrer Ehe den einen oder anderen Anlass zu Kummer oder einer kleinen Meinungsverschiedenheit.
Dies ist jedoch nicht weiter besorgniserregend.
Ich bitte Sie also, auch zukünftig so liebevoll miteinander umzugehen, wie Sie es augenblicklich tun. Sie haben es selbst in der Hand, weiterhin eine gute und glückliche Ehe zu führen.

Ich gebe der Kundin darüber hinaus noch einen weiteren Rat mit auf ihren Weg: Wenn Sie Kummer haben oder unter Unklarheiten leiden, so sprechen Sie bitte miteinander darüber.

Eine Ehe muss gehegt und gepflegt werden wie eine empfindliche Pflanze. Dann kann sie erblühen, heranwachsen, und schließlich einen stabilen Stamm entwickeln, der so manchen Sturm überstehen kann.
Das ist natürlich zuweilen nicht ganz einfach, denn im Laufe einer Beziehung tendieren die Partner dazu, immer weniger miteinander zu sprechen.
Dies betrifft insbesondere mögliche Probleme, die niemand so recht ansprechen mag, um Ärger und Unstimmigkeiten zu vermeiden.

Wenn Sie Ihre Ehe allerdings schleifen lassen, kleinere Schwierigkeiten unter den Teppich kehren und sich nicht weiterhin umeinander bemühen, so könnten Sie eines Tages doch noch getrennte Wege gehen.
Ihre Ehe steht jedoch auf einer guten, soliden Basis und ist auf jeden Fall erhaltenswert.

Bitte beachten Sie in Beispiel 1:

Die Möglichkeit einer Scheidung selbst erwähne ich in diesem Fall noch ***nicht****!*

Dies nicht zuletzt, da einige weitere Karten zwischen Ring und Sense liegen. Ich erwähne sie allerdings vor allem deshalb nicht, da die Ehe momentan ja noch glücklich ist. Schließlich möchte ich kein Misstrauen schüren oder gar erst entfachen.

Allerdings mache ich meine Kundin wiederholt darauf aufmerksam, dass sich beide Partner stets umeinander bemühen und mögliche auftretende Probleme miteinander besprechen sollten.

Bemerkung:

Kartenlesen heißt für mich:
Schüren Sie niemals bestehende Ängste oder lösen Sie gar welche aus! Machen Sie Ihre Kunden lediglich auf bestehende Tendenzen aufmerksam.
Wenn Sie hier unüberlegt Öl ins Feuer gießen, tritt eventuell verstärkt das ein, was eigentlich noch gar nicht wirklich spruchreif war und vermeidbar gewesen wäre.

Als Berater tragen Sie eine große Verantwortung und sollten daher Ihre Aussagen stets mit Vorsicht und Bedacht formulieren.

Nach der Interpretation:

Was haben Sie im Kartenbild übersehen oder nicht beachtet?
(Kombinationen, Negativ-Karten oder Ähnliches?)

....

In welchen Bereichen hatten Sie Schwierigkeiten?

....

In welchem Lehrbuch sollte Sie nochmals nachlesen, um Ihr Wissen aufzufrischen?

....

2. Beispiel

Im folgenden Beispiel ist die Ausgangslage bereits leicht verändert. Auch hier sitzt mir eine Kundin gegenüber, die einen auf den ersten Blick recht glücklichen Eindruck zu machen scheint.

Bei genauerem Betrachten fällt mir allerdings auf, wie freudlos ihr Lächeln und wie wenig aktiv ihre Bewegungen sind.
Auch diese Kundin fragt mich nun nach der Entwicklung ihrer Ehe.

Die Fragestellung dieser Kundin wirkt noch neutral und lässt auch noch nicht auf allzu große Sorgen um die Zukunft ihrer Ehe schließen.

Nach Außen hin scheint diese Ehe noch immer glücklich, jedoch fehlen der Kundin aus dem zweiten Beispiel der Enthusiasmus und die Freude der ersten.

Mein Gespür sagt mir an dieser Stelle: Noch ist hier keine Trennung geplant. Gleichwohl sorgt sich diese Kundin unbewusst bereits um ihre Partnerschaft.

Ihr Beratungsgespräch:

....

....

....

....

Mein Beratungsgespräch:

Ich sage:

„Sie machen sich derzeit vermehrt Gedanken um Ihre Partnerschaft, oder haben sogar bereits ein paar kleinere Probleme.

Diese müssen noch nicht wirklich auffällig sein oder Sie und Ihren Alltag beeinträchtigen.
Es handelt sich also noch nicht wirklich um grundlegende Schwierigkeiten, die ein Fortbestehen Ihrer Beziehung in Frage stellen könnten.
Dennoch sind diese kleinen Meinungsverschiedenheiten und Reibereien bereits vorhanden.

Bitte kümmern Sie sich beide gemeinsam um die Lösung dieser Unstimmigkeiten.
Hier sind beide Partner gefragt! Sprechen sie miteinander und versuchen Sie, gemeinsam zu Lösungen zu kommen, ehe die Unstimmigkeiten größer werden und sich zu handfesten Schwierigkeiten entwickeln.

Noch ist Ihre Ehe nicht gefährdet.
Lassen Sie die gemeinsamen Gespräche jedoch einschlafen, so sehe ich trotz aller bestehenden Harmonie eine gewisse Gefahr, dass Sie sich trotz allem auseinander leben.

So könnte dann eines Tages jeder seiner eigenen Wege gehen, Ihre Gemeinsamkeiten könnten sich in der Hektik des Alltags verlieren und Ihre Beziehung würde Ihnen vielleicht nicht länger den benötigten Rückhalt in Ihrem Leben geben.
Schlimmstenfalls könnten Sie sich dann unter Umständen sogar trennen.

Diese Situation ist allerdings durchaus vermeidbar. Machen Sie sich also die Mühe und arbeiten Sie ein wenig an Ihrer Liebe!“

Gleichzeitig konzentriere ich mich im Tableau auf die folgenden Kombinationen:

- *Nr. 16 Sterne + Nr. 23 Ratte = Depressionen/ Leid*
- *Nr. 6 Wolken + Nr. 11 Rute = Streit/ Unklarheiten*

Ich sage also:

„Lassen Sie sich von Ihrem Kummer nicht beherrschen.

Sprechen Sie jedoch mit Ihrem Partner über mögliche Unklarheiten und über das, was Sie bedrückt.
Selbstverständlich meine ich damit nicht, dass Sie ihn konstant auf jede Kleinigkeit aufmerksam machen sollten, die Ihnen augenblicklich gegen den Strich geht. Dies würde ihn nur dazu verleiten, gemeinsamen Gesprächen fortan aus dem Weg zu gehen. Bitten Sie ihn eher, Ihnen in dieser Lage zu helfen, als ihm sein bisheriges Fehlverhalten unter die Nase zu reiben.

Eine von ihm selbst vorgeschlagene Lösung wird er gerne verfolgen. Eine Anweisung hingegen vielleicht nur widerwillig ausführen.

Teilen Sie ihm daher ebenso mit, wenn Sie etwas besonders freut oder glücklich macht. Loben Sie seine Verdienste und geben Sie ihm das Gefühl, Ihr „Ritter“ zu sein.
Fühlt er sich anerkannt und in seinem Wert geschätzt, so wird er auch Kritik und Problemen gegenüber aufgeschlossener reagieren.

Noch haben Sie die Fäden in der Hand, Ihre Beziehung wieder auf einen sichere, stabile Ebene zurückzuführen.“

Nach der Interpretation:

Was haben Sie im Kartenbild übersehen oder nicht beachtet? (Kombinationen, Negativ-Karten oder Ähnliches?)

……………………………………………………………………………

In welchen Bereichen hatten Sie Schwierigkeiten?

……………………………………………………………………………

In welchem Lehrbuch sollte Sie nochmals nachlesen, um Ihr Wissen aufzufrischen?

……………………………………………………………………………

3. Beispiel

Im dritten Beispiel scheint die Ehe meiner Kundschaft bereits zerrüttet.
Die Partner unternehmen kaum noch etwas gemeinsam, verbringen ihre gemeinsame Zeit lieber mit ihren Hobbies oder Freunden und finden kaum mehr gemeinsame Zeit, in der sie sich miteinander beschäftigen oder einfach nur locker unterhalten.

Nachdem die Eheleute jahrelang lieblos nebeneinander her gelebt haben, sieht die Kundin dieses Beispiels keine Möglichkeit mehr, ihre Ehe zu retten.
Innerlich hat sie sich also längst mit der Situation abgefunden und auch ihre Motivation, um den Fortbestand Ihrer Partnerschaft zu kämpfen, befindet sich derzeit auf dem Nullpunkt.

Zudem möchte sie nun endlich auch etwas von ihrem Leben haben und sich hinaus zu neuen Ufern wagen, anstatt sich wie bisher weiterhin um ihren gleichgültig gewordenen Ehemann und dessen Belange zu kümmern.

Auch diese Kundin erkundigt sich nach dem weiteren Verlauf Ihrer Ehe.
Ebenfalls fragt sie explizit nach, ob bereits eine Scheidung im Raum steht.

Ihr Beratungsgespräch:

....

....

....

Mein Beratungsgespräch:

Ich sage:

„Sie haben Recht, die Möglichkeit einer Scheidung besteht in Ihrem Fall tatsächlich.
Es ist also absolut denkbar, dass Sie sich wirklich von Ihrem Mann trennen und scheiden lassen.

Dies kann ich in Ihrem Kartenbild sowohl in der waagrechten als auch in der senkrechten Deutungslinie gleich zweimal sehen. Gleiches gilt hier übrigens für die diagonale Deutungslinie, in der Streit und Unklarheiten unschwer zu erkennen sind."

- *Nr. 25 Ring + Nr. 10 Sense = Scheidung*
- *Nr. 25 Ring + Nr. 23 Ratte = Verlust der Ehe*
- *Nr. 6 Wolken + Nr. 11 Rute = Streit/ Unklarheiten*

Bei dieser Aussage ist es natürlich besonders wichtig, auch auf die beiden betreffenden Personenkarten zu achten *(Nr. 28 Mann + Nr.29 Frau*). In diesem Fall bekomme ich hier nochmals die Bestätigung aus meinem Kartenbild.

Die Fragestellung und das Auftreten meiner Kundin räumen an dieser Stelle letzte Zweifel aus dem Weg.
Versuche, ihre Beziehung zu ihrem Mann wieder aufleben zu lassen, möchte sie erst gar nicht mehr unternehmen.
Mit diesem Abschnitt ihres Lebens hat sie innerlich bereits abgeschlossen.

Ein Versuch, dieser Dame Tipps und Ratschläge zur Rettung ihrer Ehe mit auf den Weg zu geben, wäre an dieser Stelle absolut wirkungslos und würde ungehört verhallen.
Diese Kundin benötigt nun eher praktische Hilfe bei der Durchführung ihrer Pläne, künftig ganz neue, eigene Wege einzuschlagen.

An dieser Stelle könnte man sie auf die Mithilfe ihrer Freunde aufmerksam machen.
Gemeinsam mit ihnen werden sich diese Wege leichter gehen lassen und weniger steinig erscheinen.
Für den Fortbestand der Ehe meiner Kundin kann ich hier nichts mehr tun.

Wie Sie sehen, ist das Kartenlegen viel mehr als nur ein kleiner Blick in die Zukunft.
Es ist auch und vor allem eine Form der Lebensberatung.

Nach der Interpretation:

Was haben Sie im Kartenbild übersehen oder nicht beachtet? (Kombinationen, Negativ-Karten oder Ähnliches?)

....

In welchen Bereichen hatten Sie Schwierigkeiten?

....

In welchem Lehrbuch sollte Sie nochmals nachlesen, um Ihr Wissen aufzufrischen?

....

Zusammenfassend möchte ich Sie noch einmal bitten:

Sehen Sie sich bei Ihren Deutungen in ihrem Tableau bitte alle in Frage kommenden Deutungslinien ganz genau an, ehe Sie eine schwerwiegende Äußerung von sich geben.

Oftmals glaubt man, etwas innerhalb einer Linie erkannt zu haben, bemerkt jedoch nicht, dass es sich hier lediglich um eine Möglichkeit oder eine Folgeerscheinung ganz anderer Gefahren handeln könnte.

Was auf den ersten Blick wie ein akutes Problem erscheinen mag, kann sich bei genauerer Betrachtung aller umliegenden Linien als mögliche Gefahr entpuppen, die zwar latent vorhanden sein mag, dabei aber keineswegs zwingend eintreten muss. Vielleicht geben Ihnen die weiteren Deutungslinien ja auch bereits eine oder auch mehrere Lösungsmöglichkeiten mit auf den Weg.

Bedenken Sie bei Ihrer Arbeit bitte, dass Menschen oft erst dann Rat in den Karten suchen, wenn sie in ihrem Leben in eine gewisse Notlage geraten sind und ohne fremde Hilfe nicht mehr weiter wissen.

Menschen in derartigen Situationen sind verständlicherweise oft verzweifelt und neigen zu Überreaktionen.
Von einer unangenehmen Aussage können sie daher dann auch leicht aus der Bahn geworfen werden.
So ist der Umgang mit den Karten eine überaus verantwortungsvolle Aufgabe, die keinesfalls auf die leichte Schulter genommen werden darf.
Sobald Sie das Gefühl haben, einen unsicheren oder sogar bereits verängstigten Konsultanten vor sich zu haben, sollten Sie Ihre Aussagen entsprechend anpassen und noch vorsichtiger und positiver formulieren, als Sie dies ohnehin bereits tun.

Vermeiden Sie es also, Ihr Gesicht besorgt in Falten zu ziehen und vermitteln Sie auch über Ihre eigene Körpersprache den Eindruck einer Beraterin, die Sicherheit gibt und das Vertrauen ihrer Klienten verdient.

Betonen Sie die Chancen und Möglichkeiten, welche sich innerhalb des Tableaus erkennen lassen und erarbeiten Sie gemeinsam mit Ihrer Kundschaft einen gangbaren Weg heraus aus möglichen Sackgassen und zurück auf einen sicheren Pfad in die Zukunft.

Schließlich haben Sie als Beraterin eine wichtige Funktion inne und sind Ihren Kunden gegenüber zu zuverlässiger und gewissenhafter Arbeit verpflichtet.

Ein Kartenleger oder eine Kartenlegerin sollte sich dieser Verantwortung also stets bewusst sein und niemals leichtfertige und oberflächliche Aussagen machen.

Noch einmal:

Helfen Sie Ihren Mitmenschen so, wie Sie auch Ihren Freunden helfen würden. Hören Sie ihnen gut zu und wägen Sie ihre Äußerungen genau ab, jedoch ohne die Lage unangemessen zu beschönigen.

Machen Sie Ihrem Gegenüber indes immer wieder Mut, mögliche Schwierigkeiten durchzustehen und verweisen Sie ihre Kunden auf den Überlebenswillen und die große Kraft, die in jedem einzelnen von ihnen steckt.

Die Entscheidung an sich liegt wie immer bei den Kunden selbst.
Vergessen Sie nie: Unsere Aufgabe setzt sehr viel Einfühlungsvermögen voraus.

Extra

Auf den folgenden Seiten finden Sie zwei hilfreiche Übersichtstabellen extra für Sie zusammengestellt.

Übersicht 1
Diese Übersicht soll Ihnen helfen, die Bedeutungen der Zeit- und Zukunftskarten, sowie die zusätzlichen Bedeutungen einiger besonderer Karten auf einen Blick erfassen und erkennen zu können.

Übersicht 2
Diese Übersicht bietet Ihnen einen schnellen und präzisen Überblick über alle Karten Ihres Lenormand-Kartensets in Ihrer Funktion als Tageskarte.

Übersicht 1: Die unterschiedlichen Bedeutungen ausgewählter Karten in ihrer Funktion als Zeit- und Zukunftskarten.
Mögliche Zusätzliche Bedeutungen einzelner Karten.

Karte	*Zeitkarte/ Jahreszeiten*	*Zukunftskarte/ Himmelsrichtung*	*Mehrfache Bedeutung*
Nr. 2 Klee	Bald, schnell, rasch 2 Stunden,2 Tage, 2 Wochen, 2 Monate		
Nr. 3 Schiff	Innerhalb der nächs-ten 3 Monate	Westen, westlich	
Nr. 5 Baum	Innerhalb der nächs-ten 9 Monate	Mit Sicherheit kommt...	
Nr. 6 Wolken			*Innerhalb oder zu Beginn einer Karten-reihe:* Unklarheiten *Am Ende einer Kartenreihe:* Es löst sich (wieder) auf.
Nr. 9 Blumen	Frühling		
Nr. 10 Sense	Plötzlich, unerwartet, mit einem Mal. Herbst		*Vor einer Themen-karte:* Plötzlicher Beginn *Nach einer Themen-karte:* Plötzliches Ende, Einschnitt
Nr. 12 Vögel			Kummer und Mühe *oder* Man muss sich bemühen

Karte	*Zeitkarte/ Zukunftskarte/*	*Himmelsrichtung Jahreszeiten*	*Mehrfache Bedeutung*
Nr. 15 Bär	Innerhalb der kommenden 2 – 3 Jahre		
Nr. 21 Berg	Winter		
Nr. 22 Wege	Innerhalb der nächsten 7 Wochen		*Vor einer Themen-Karte:* Neue Wege, *Nach einer Themenkarte:* Getrennte Wege, Lösungen, suchen, Entscheidungen treffen
Nr. 26 Buch		Es ist noch nicht spruchreif. Es wird jedoch kommen.	
Nr. 31 Sonne	Sommer	Süden, südlich	
Nr. 32 Mond	Nachmittag, Abend, Nacht	Norden, nördlich	
Nr. 35 Anker	Innerhalb der kommenden 2 Jahre	Zukünftig kommt…	Karma
Nr. 36 Kreuz		An die Zukunft glauben, auf eine Sache vertrauen	

Zur Benutzung der Tageskarte

Sicherlich ist Ihnen aufgefallen, dass wir viele unserer Analysen in diesem Band mit der Ziehung einer Tageskarte eingeleitet haben.

Dieser kurze aber aussagekräftige erste Blick stellt keinesfalls lediglich eine leichte Deutungsübung für Anfänger dar. Tatsächlich bietet mir diese Möglichkeit immer wieder einen willkommenen Einstieg in tiefer gehende Analysen.

Die Tageskarte gibt mir die Gelegenheit, meine Kunden gleich zu Beginn der Legung ein wenig näher kennen zu lernen.
Ich bekomme einen kleinen Einblick in die Themen, die sie derzeit beschäftigen und kann mich so besser auf die folgende Beratung einstimmen.

Eine Aussage über die Tageskarte kann mit vielen Fragen und Anregungen verbunden sein und einen wunderbaren Einstieg in ein Gespräch abgeben.
Anstatt die Kunden lediglich mit der Aussage der Tageskarte an sich zu konfrontieren, kann man gleich bei dieser Gelegenheit ansetzen und ein wenig nachhaken. So kommt man oftmals schon vor Beginn der eigentlichen Auslegung des Tableaus zu äußerst interessanten und hilfreichen Erkenntnissen.

Auch der Kunde oder die Kundin selbst können diese Art des Einstiegs nutzen, um sich zu entspannen und die mitgebrachte Nervosität ein Stück weit abzulegen.

Auf diese Weise können wir uns schließlich beide gefasst und entspannt auf das Abenteuer der nachfolgenden Analyse einlassen.

Natürlich gibt es noch einen weiteren wichtigen Aspekt bei jeder Beratung:
Die Kundschaft muss der Kartenlesung und der Analyse gegenüber aufgeschlossen sein, da sonst eventuell die Kommunikation blockiert und die Analyse erschwert wird.

Es handelt sich also um einen vorsichtigen, bisweilen sogar spielerisch leicht anmutenden ersten Kontakt, der uns einander näher bringen, das Eis brechen und die Atmosphäre angenehm gestalten kann.

Die der Tageskarte entnommenen Informationen dienen also nicht nur der Gewinnung von Fakten, sondern zugleich als entspannter Einstieg in das Beratungsgespräch.

Achtung:
Trotz aller Leichtigkeit sollte jedoch auch das Ziehen dieser Einstiegskarte nicht übereilt und unkonzentriert ausgeführt werden!
Andernfalls laufen Sie nämlich Gefahr, sich gleich bei der allerersten Aussage in die Nesseln zu setzen und das Vertrauen Ihrer Kundschaft in Ihr Können schon vor Auslegung des großen Tableaus zu verlieren.

Lassen Sie sich und Ihren Kunden daher ausreichend Zeit und deuten Sie die Tageskarte mit Ruhe und Konzentration.

Übersicht 2:

Die Bedeutungen der Tageskarten im Überblick:

Nr. 1 Reiter

Heute kommt Bewegung in Ihr Leben.

Nr. 2 Klee

Heute steht das Glück auf Ihrer Seite.

Nr. 3 Schiff

Gehen Sie unter die Leute,
vergraben Sie sich nicht in Ihrem Zuhause

Nr. 4 Haus

Machen Sie es sich zuhause gemütlich.
Kümmern Sie sich um Ihre Nachbarn.

Nr. 5 Baum

Heute ist Stabilität gefragt.

Nr. 6 Wolken

Achten Sie darauf, dass keine Unstimmigkeiten auftauchen.

Nr. 7 Schlange

Heute etwas hellhöriger sein.

Nr. 8 Sarg

Achten Sie auf sich!

Nr. 9 Blumenstrauß

Lassen Sie sich einladen oder laden Sie selbst einen lieben Menschen zu sich ein. Ein positiver, guter Tag.

Nr. 10 Sense

Durchsetzungskraft ist gefragt, dabei aber nicht egoistisch werden.

Nr. 11 Rute

Lassen Sie sich auf keinen Streit ein. Sollte es dennoch zu einer Auseinandersetzung kommen, bleiben Sie sachlich.

Nr. 12 Vögel

Vermeiden Sie Tratsch und Gerüchte, sonst drohen eventuell Probleme.

Nr. 13 Kind

Ergreifen Sie Ihre Chancen!

Nr. 14 Fuchs

Heute heißt es aufpassen, im positiven wie auch im negativen Sinn.

Nr. 15 Bär

Kümmern Sie sich um Ihre Mitmenschen.

Nr. 16 Sterne

Heute ist Intuition gefragt.

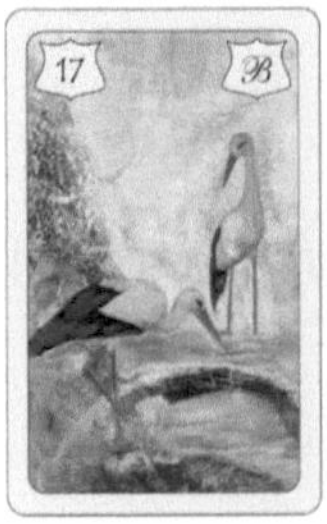

Nr. 17 Storch

Veränderungen stehen an.

Nr. 18 Hund

Freundschaften sollten heute besonders gepflegt werden.

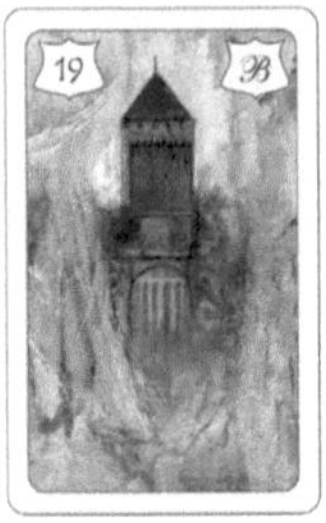

Nr. 19 Turm

Überarbeiten Sie sich heute nicht.
Dennoch steht die Arbeit heute im Mittelpunkt.

Nr. 20 Garten/Park

Gehen Sie unter
Menschen,
bzw. in die
Öffentlichkeit!

Nr. 21 Berg

Heute müssen
Hindernisse
überwunden werden.

Nr. 22 Wege

Entscheidungen
sind angesagt –
suchen Sie nach
Lösungen.

Nr. 23 Ratte

Seien Sie heute wachsam.

Nr. 24 Herz

Seien Sie freundlich zu den Menschen in Ihrer Umgebung.

Nr. 25 Ring

Pflegen Sie heute Partnerschaften, im privaten wie im geschäftlichen Bereich.

Nr. 26 Buch

Lesen, Fernsehen, Vorträge – Wissen aneignen!
Den Horizont erweitern

Nr. 27 Brief

Liegengebliebenes sollte heute erledigt werden.

Nr. 28 Mann

Wenn Sie ein Mann sind:
Heute ist Ihr Tag, konzentrieren Sie sich auf sich selbst.

Wenn Sie eine Frau sind:
Unternehmen Sie etwas mit Ihrem Partner, das Ihnen beiden Spaß macht.

Nr. 29 Frau

Wenn Sie eine Frau sind:
Heute ist Ihr Tag, konzentrieren Sie sich auf sich selbst.

Wenn Sie ein Mann sind:
Unternehmen Sie etwas mit Ihrer Partnerin, das Ihnen beiden Spaß macht.

Nr. 30 Lilie

Innere Aufmerksamkeit im positiven oder negativen Sinn

Nr. 31 Sonne

Heute wird ein positiver Tag.

Nr. 32 Mond

Nehmen Sie die Dinge nicht zu ernst!

Nr. 33 Schlüssel

Gehen Sie kraftvoll und energiegeladen in den Tag: Sport, Tanzen,
etwas unternehmen

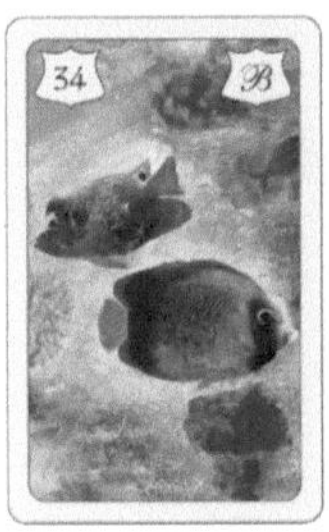

Nr. 34 Fische

Behalten Sie Ihre Finanzen im Auge!

Nr. 35 Anker

Gehen Sie in sich!

Nr. 36 Kreuz

An die Zukunft glauben,
nicht aufgeben!

Schlusswort

Liebe Leserinnen, Liebe Leser!

Es ist wieder einmal soweit:
Sie haben das Ende eines weiteren Bandes erreicht, dabei viel Neues in sich aufgenommen und währenddessen auch immer wieder bereits Bekanntes wiederholt, überprüft und gefestigt.

Mir bleibt auch hier wieder, Sie zu Ihrer stetigen Entwicklung vom hoffnungsvollen Amateur hin zum professionellen Kartenleger zu beglückwünschen und zu hoffen, dass Ihnen die hier dargestellten Beratungsgespräche und die sich daraus ergebenden Interpretationen einen Einblick vermitteln konnten, wie man in einem professionellen Beratungsgespräch vorgehen kann.

Neben den bereits aus meinen verschiedenen Büchern bekannten Legetechniken und den verschiedenen Kartensets wollte ich Ihnen in diesem Buch vor allem das Zusammenwirken der zahlreichen unterschiedlichen Interpretationsmöglichkeiten innerhalb einer Beratung vorstellen.

Wie Sie erkennen konnten, ist es also nicht nur möglich, sondern sogar erwünscht und hilfreich, unterschiedliche Kartensets und Legetechniken miteinander zu verbinden und auf diese Weise eine umfassende Deutung zu erhalten.

Je mehr Möglichkeiten Ihnen durch Ihre Karten zur Verfügung stehen, desto tief schürfender können auch Ihre Interpretationen werden.

Machen Sie es sich also zur Aufgabe, alles mit einzubeziehen, was Ihnen das Sehen und Beraten erleichtern könnte.
Was Sie persönlich nicht weiterbringt, können Sie gleichermaßen außen vor lassen.

Jede weitere Form der Auslegung ist möglich. Keine ist dabei allerdings unbedingt nötig.
Verlassen Sie sich auch hier am besten auf Ihr Bauchgefühl.

Ich hoffe, dass Ihnen durch dieses Buch also insbesondere zwei ganz besonders wichtige Punkte vermittelt wurden:

Zum einen sollte Ihnen das Lehrbuch einen leicht nachvollziehbaren Weg aufzeigen, anhand dessen Sie eine Beratung professionell und für Ihre Kunden möglichst klar und ergiebig gestalten können.

Des Weiteren wollte ich Ihnen in diesem Band demonstrieren, dass jeder Kunde ein Individuum ist und als solches auf seine ganz eigene Art und Weise behandelt werden sollte.

Werden Sie stets hellhörig, wenn Ihnen jemand etwas über den Umgang mit dem „Kunden an sich“ erzählen möchte.

„Der Kunde an sich“ existiert bekanntermaßen nicht. Es gibt nur eine unendliche Vielzahl an unterschiedlichen Menschen mit den verschiedensten Erfahrungen und Lebensgeschichten.

Kein Kartenleger, der seinen Namen verdient, kann es sich leisten, bei allen Kunden stur nach Schema F vorzugehen und all seine Klienten über einen Kamm zu scheren.

Jeder einzelne Ihrer Kunden möchte (und verdient) eine individuell auf ihn und seine Bedürfnisse abgestimmte Beratung.

Zudem geben unterschiedliche Kunden auch unterschiedlich viel von sich und ihrem Innenleben preis.

Zuweilen sind Kunden auch (noch) nicht bereit, sich Ihnen und Ihren Karten voll und ganz zu öffnen.

Diese Beratungen erfordern dann ganz besonders viel Fingerspitzengefühl, da Sie sich äußerst vorsichtig an die im Tableau erscheinenden Themen herantasten müssen.
Vermeiden Sie also eine Atmosphäre. die an ein Verhör erinnern könnte.

Sie wissen ja: Im Laufe Zeit wird jeder Kartenleger sein persönliches System entwickeln. Dies bezieht sich selbstverständlich nicht nur auf die Arbeit mit seinen Karten, sondern eben auch auf den Umgang mit seinen Kunden.

Die nötige Erfahrung mit Ihren Kunden kann Ihnen dabei leider kein Lehrbuch vermitteln.
Diese Fertigkeiten müssen Sie sich im Laufe der Zeit selbst aneignen und von Kunde zu Kunde weiter ausbauen und verfeinern.

Ich hoffe, dieser Band hat seinen Zweck erfüllt und Ihnen einen nachvollziehbaren Weg hin zu einer auf Ihre Kunden persönlich zugeschnittenen Beratung gezeigt.

Wie immer an dieser Stelle wünsche ich Ihnen nun weiterhin viel Spaß und Erfolg beim Kartenlegen.

Ihre Britta

Weitere Lehrwerke im Brika-Verlag

Der große Selbstlernkurs

nach Art der Madame Lenormand

Die vorliegende Neuausgabe in einem Band enthält Übungen und Illustrationen der Lehrbücher I-IV, ist jedoch aktualisiert und um ein Vielfaches erweitert worden.
Auf diese Weise erarbeiten wir uns gemeinsam Schritt für Schritt eine solide Basis, die Ihnen auf Ihrem Weg zum professionellen Kartenlegen eine große Hilfe sein wird.
Auf jede Übung folgt meine eigene Interpretation. Beispiele geben Ihnen nun die Chance, Ihr Können innerhalb eines größeren Sachzusammenhanges anzuwenden und Ihr neu erworbenen Fähigkeiten zu vertiefen
Abbildungen: **Brittas Wahrsagekarten** nach Art der Madame Lenormand und die Karten der **Blauen Eule**

Brittas Wahrsagekarten mit Begleitbuch

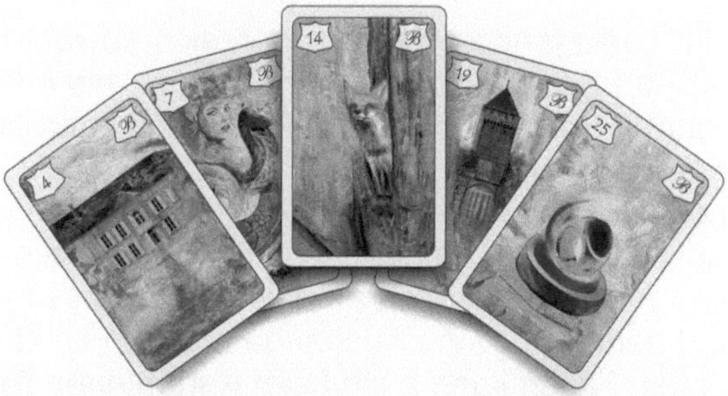

- Jede Karte wird ausführlich erklärt und gedeutet, anhand des exklusiv für Britta gestalteten außergewöhnlichen Kartedecks
- Viele zusätzliche Anregungen und Denkanstöße.
- Zuordnungen zu Sternzeichen, Edelsteinen, Farben, Chakren, Berufen und Eigenschaften
- Zeitkarten sind mit einer Uhr gekennzeichnet, Zukunftskarten mit einem Auge.

Kartenlegen leicht erlernbar

nach Madame Lenormand

Der neue Kompaktkurs 2. Auflage

Die vorliegende **Neuausgabe** Auflage 2 des **Kompaktkurses** enthält alle Übungen und Illustrationen des vorangehenden Kompaktkurses, ist jedoch aktualisiert und um ein **Vielfaches** erweitert worden. (Ausschnitte aus den Lehrbüchern I - IV), Der **neue Kompaktkurs**, der Sie mit allen notwendigen Informationen und dem Basiswissen versorgt, das Sie für das Kartenlegen benötigen, jedoch vorwiegend für den „Hausgebrauch", also das schnelle Kartenlegen für sich selbst und die eigene Familie, sowie Freunde und Bekannte geeignet ist. Abbildungen: **Brittas Wahrsagekarten** nach Art der Madame Lenormand und die Karten der **Blauen Eule.**

Das große Übungsbuch

nach Art der Madame Lenormand

Die Übungen im vorliegenden Band eignen sich sowohl für die Arbeit mit dem großen Selbstlernkurs, Kompaktkurs, als auch mit den Lehrbüchern, zum Fernkurs oder zu meinen Seminaren können sie begleitend eingesetzt werden.
Wer sich intensiv mit dem Kartenlegen befasst, möchte irgendwann auch einen Punkt erreichen, an dem es ihm möglich ist, selbständig und ohne größere Schwierigkeiten eine sinnvolle Aussage über eine Situation und deren mögliche Ausgänge machen zu können.
Wie in den meisten Fällen kann auch beim Kartenlegen nicht genug darauf hingewiesen werden, wie wichtig stetes Üben für das Erreichen dieser Sicherheit ist.
Zahlreiche Übungen werden Ihnen helfen, ein besseres Gespür für Ihre Karten zu bekommen und nach und nach ein Gefühl für die richtige, nämlich die der jeweiligen Situation angepasste, Bedeutung einer Karte, einer Kartenreihe, oder letzten Endes eines ganzen Tableaus zu bekommen.

Kipperkarten leicht erlernbar

Kompaktkurs

in vier Schritten zum erfolgreichen Kartenlegen

Die seit Jahrhunderten beliebten Kipperkarten werden hier in einem einzigartigen, leicht nachvollziehbaren und übersichtlichen Lehrbuch schnell und verständlich erklärt!

- Kipperkarten verstehen und deuten lernen
- Alle Karten mit ihren Bedeutungen, die Kipperkarten im Tableau
- Die Beziehungen der Karten untereinander, Kombinationen
- Verschiedene Legesysteme, Schnelllegesysteme
- Die Astrologische Jahres-Kartenlegung, das Einbeziehen von Zusatzkarten, Hinweise zur Arbeit mit der Tageskarte
- Tipps für Fortgeschrittene, zahlreiche Tipps und bildliche Darstellungen, Übungen und Lösungsvorschläge

Zigeuner-Wahrsagekarten leicht erlernbar

Kompaktkurs

in vier Schritten zum erfolgreichen Kartenlegen

Die Autorin und Kartenlegerin Britta Kienle widmet sich in diesem Band den beliebten Zigeunerkarten, die vielen Interessierten als einfacher und schnell zu erlernender Einstieg in die Welt der Wahrsagekarten dienen können.

- Die 36 Zigeunerkarten und ihre Bedeutungen
- Das Ziehen einer Tageskarte
- Das schnelle Erkennen von Verbindungen, erste Kartenbilder
- verschiedene Legesysteme
- Das kleine Kreuz und seine Erweiterung
- Zusätzliches Abdecken ausgewählter Karten
- Kombinationen und weitere Besonderheiten, Zukunfts- und
- Zeitkarten, Jahreszeiten, alle Personenkarten im Überblick
- Zahlreiche Tipps, bildliche Darstellungen, Übungen und Lösungsvorschläge

Tarot leicht erlernbar

Kompaktkurs

einfach und schnell mit den großen Arkanen

Dieses einmalige, unvergleichliche Lehrsystem bietet einen leicht nachvollziehbaren und klaren Einstieg in die Welt des Tarots.

Die Karten werden Schritt für Schritt verständlich gemacht, wobei sich diese Technik zunächst ausschließlich der großen Arkanen bedient.

Selbst Partnerschaften und Beziehungen von Menschen untereinander lassen sich mit diesen Karten bereits genauer analysieren.

Zahlreiche Beispiele und Übungen mit Lösungsvorschlägen und Interpretationshilfen bringen Licht in das Dunkel, das Hobbykartenlegern den Umgang mit den Tarotkarten so lange unnötig erschwert hat.

Ferner bietet Ihnen dieses Buch ein kleines Lexikon der wichtigsten Tarotbegriffe, einen Überblick über die Bedeutung der Tarotkarten als Tageskarten, sowie einen kleinen Einstieg in die Numerologie für das Tarot.

Zusätzlich: Kurzbedeutungen im Hinblick auf: Liebe, Finanzen, Beruf und allgemeine Charaktereigenschaften.

Empfehlenswerte Zusatzbücher zum Selbstlernkurs

Das Interpretieren lernen, die Kombinationen auf einen Blick erkennen, weitere Legesysteme und Deutungsmethoden.

Lehrbücher V-VII (Zur Vertiefung des Kartenlegens)

Sie wollen tiefer in das Kartenlegen eindringen, mehr Wissen sammeln und sich vielleicht sogar selbständig machen?

Ergänzungsbücher zum Kartenlegen (Auch zu anderen Kartendecks einsetzbar)

Sie haben eine schnelle Frage z.B.

- Wie sieht es heute mit meiner Stimmung, Laune aus?
  *Ziehen Sie eine Stimmungskarte
- Wie soll man auf einen Disput reagieren?
  *Ziehen Sie auf die Frage eine Ergänzungskarte
- Weshalb ist etwas geschehen?
  *Ziehen Sie eine Zigeunerkarte, um die Antwort zu erhalten.

Übersicht: Brittas bewährtes Lehrsystem

Der große Selbstlernkurs - Grund- und Aufbaukurs

Als Hobby, Neben- oder Hauptberuf **der große Selbstlernkurs Inhalt von Lehrbuch I-IV**

Übungsbuch zum Kompaktkurs. Fernkurs Lehrbücher I-IV und zum großen Selbstlernkurs

Empfehlenswerte Zusatzbücher zum Selbstlernkurs

Interpretations-hilfe

Kombinationen auf einen Blick

Legesysteme mit Fallbeispielen

Zur Vertiefung des Kartenlegens

Hilfsmittel, Tipps Techniken, Fakten zur Selbständigkeit **Lehrbuch V**

Grundstein für eine eigene Existenz als Kartenleger/in **Lehrbuch VI**

Ratgeber&Übungsbuch für professionelle Beratungsgespräche **Lehrbuch VII**

Ergänzungsbücher zum Kartenlegen

Genaue Analyse der Tagesstimmung **Stimmungsbuch plus Karten**

Die Frage nach der Ursache „WARUM? **Zigeunerbuch plus Karten**

WIE soll ich reagieren? **Ergänzungsbuch plus Karten**